Wieland Staud **Making mon€y**

Wieland Staud

Making mon€y

51 Irrtümer, die Sie vermeiden sollten

Herbig

Meinen Kindern Paula, Peter, Franz
Meinen Eltern und Großeltern
Meinen Freunden

MIX
Papier aus verantwortungsvollen Quellen
FSC® C014496

Besuchen Sie uns im Internet unter:
www.herbig-verlag.de

Alle Tabellen und Grafiken: Staud Research
Umschlaggestaltung: Wolfgang Heinzel
Herstellung und Satz: VerlagsService Dr. Helmut Neuberger
& Karl Schaumann GmbH, Heimstetten
Gesetzt aus der 11/14 Punkt Minion
Druck und Binden: GGP Media GmbH, Pößneck
Printed in Germany
ISBN 978-3-7766-2657-5

Inhalt

Vorwort

Meister fallen nicht vom Himmel

50 Prozent aller Deutschen achten nach eigenen Angaben stark und 44 Prozent immerhin ein wenig auf eine gesundheitsbewusste Ernährung, aberwitzige 94 Prozent glauben, dass sie gute Autofahrer sind, und gefühlte 90 Prozent nehmen an, dass sie mit Geld gut umgehen können. Aber rund 55 Prozent der Deutschen sind entweder übergewichtig, fettleibig oder leiden unter Bulimie, Magersucht & Co., 2010 ereigneten sich in Deutschland mehr als 2,3 Millionen Unfälle mit fast 300 000 Verletzten und die Zahl der Privatinsolvenzen hat im vergangenen Jahr 2010 mit knapp 140 000 ein neues Rekordhoch erreicht. Zahlen, die nicht nur den Eindruck vermitteln, dass zwischen Selbsteinschätzung und tatsächlichen Fähigkeiten ein gewaltiges Loch klafft.
Unsere Gesellschaft legt Wert darauf, dass ihre Mitglieder ihr Können nicht nur behaupten, sondern darüber auch tatsächlich verfügen. Im Großen und Ganzen haben wir wohl auch alle den Eindruck, dass es nicht gar so falsch ist, dass ein Arzt ein 6-jähriges Studium erfolgreich absolvieren muss und ein Metzger erst nach 3 Jahren Ausbildung und einem Meisterlehrgang selbstständig ein Schwein von hier nach dort befördern, zerlegen und verkaufen darf. Selbst Banker müssen sich erst einmal ausbilden lassen, bevor sie loslegen dürfen – auch wenn deren Lehrzeit nach allen Erfahrungen der jüngeren Vergangenheit möglicherweise etwas knapp bemessen sein könnte.

Essen aber darf ohne irgendeine Zulassungsbeschränkung jeder, was er will, und niemand wird von einem richtig Dicken oder einem Twiggy-Klon verlangen, vor dem nächsten Supermarkt- oder Restaurantbesuch einen Ernährungswissenstest abzulegen. Wahrscheinlich wären auch unsere Straßen sicherer, wenn jeder Führerscheinbesitzer jedes Jahr aufs Neue seine Fahrtauglichkeit durch ein erfolgreich bestandenes Fahrsicherheitstraining nachweisen müsste. Abenteuerliche Gedanken, zweifellos, die aber wohl noch von der Idee übertroffen werden, nur Menschen für den Umgang mit Geld zuzulassen, die nachgewiesen haben, dass sie dazu auch in der Lage sind. Wenn dem so wäre, dann gäbe es wohl weniger Probleme mit dem schnöden Mammon, weniger Essgestörte und weniger Unfälle. Dann befänden wir uns allerdings auch in einer sehr weit in die Freiheit des Einzelnen eingreifenden Diktatur und das kann nicht ernsthaft das Ziel sein. Um mich auf das hier Relevante zu beschränken: Solange jemand Geld hat, kann er damit im rechtsstaatlichen Rahmen tun und lassen, was er will. Das ist gut so – aber gleichzeitig ist genau das auch das Problem.

Wer jemals im deutschen Privatfernsehen Peter Zwegats Doku-Dramen gesehen hat, der wird wohl gern zustimmen. Wer das Leben so mancher Prominenter verfolgt hat, auch. Da gibt es Schauspieler, Fußballtrainer und -spieler, die ihr bestimmt nicht kleines Vermögen mit Wetten, Börsengeschäften, Bauherrenmodellen, Discos, (Ehe-)Frauen und in besonders denkwürdigen Fällen mit Pferden durchgebracht haben. Über die wird nur selten gesprochen. Aber da gibt es auch die ewigen Schönschwätzer und Dampfplauderer, die angeblich immer alles richtig machen und deshalb immer eine ganz nette Zuhörerschaft und Öffentlichkeit auf ihrer Seite wissen. Bislang konnte oder wollte jedoch kaum einer von denen wirklich zeigen, dass es ihm erstens finanziell wirklich gut geht und, wenn dem so war, dass er sich zweitens durch die Umsetzung seiner eigenen Ratschläge

und nicht etwa durch deren publikumswirksamen Verkauf in diesen Zustand versetzt hat.
Eine ziemlich bemerkenswerte Zahl ist auch die folgende: Im Großen und Ganzen sind 3 von 5 Profis der NBA, der National Basketball League der USA, 5 Jahre nach ihrem Karriereende pleite.[1] Bei einem Durchschnittsverdienst der Spieler von knapp 5 Millionen Dollar jährlich ist das eine Leistung, die man gar nicht genug würdigen kann oder die, ich will auch das lieber vorsichtig ausdrücken, für die eine oder andere Problemzone zwischen dem linken und rechten Ohr spricht.
Da gibt es aber auch die Geschichte einer damals 73-jährigen Frau, die erleben musste, wie sich dank der Beratungsleistung zweier hierzulande hoch eingeschätzter Privatbanken ihr im Laufe eines Lebens durch eine genügsame Lebensweise zusammengespartes, nicht besonders üppiges Vermögen binnen 5 Jahren sage und schreibe gedrittelt hat.
Man mag es beklagen oder begrüßen: Geld ist wahrscheinlich der Stoff, der unsere Welt wohl mehr und mehr im Innersten zusammenhält – und dennoch kann das Wissen über den richtigen Umgang mit Geld nicht besonders weit verbreitet sein. Anders lässt sich das, was wahrscheinlich auch Sie in Ihrem Umfeld in Geldangelegenheiten oft genug erleben und erfahren, wohl kaum erklären.
Es ist erschreckend, welch gigantischen Stellenwert für die meisten von uns Geld frei- oder unfreiwillig einnimmt und wie wenig wir uns darum wirklich fundiert kümmern. Zu keiner Zeit hatten Menschen mehr Optionen, sich zum Beispiel im Internet schneller und bequemer über die ziemlich transparent gewordene Welt der Finanzen und ihre entscheidenden Parameter zu informieren, und dennoch scheinen das immer weniger wirklich zu tun. Beim lieben Geld erleiden so viele Menschen heute auch und gerade deshalb Schiffbruch, weil sie nicht in der Lage, nicht willens oder einfach nur zu feige sind, Erkenntnisse, die ihnen präsentiert und von ihnen als richtig erkannt wurden, im Zwei-

fel stoisch, diszipliniert und leidenschaftslos in die Tat umzusetzen. Nicht, weil sie das toll finden. Sondern, weil es schlicht eine Notwendigkeit, ein Gebot der Vernunft ist.
»Making mon€y« hat keinen missionarischen und auch keinen Anspruch auf Vollständigkeit. Aber dieses Buch will unbedingt die wirklich wichtigen Irrtümer aufzeigen, die die meisten unter uns wenigstens anfänglich nur gar zu gerne begehen. Ich würde mich dabei ganz sicher für die nachfolgenden rund 200 Seiten schämen, wenn auch nur einmal oberlehrerhaft der Zeigefinger gehoben werden würde. Dafür habe auch ich im Laufe meines Lebens schon viel zu viele Fehler gemacht. Selbst mein(e) Beruf(ung) als Chef eines kleinen Dienstleistungsunternehmens im Investmentbanking[2] hat mich davor nicht bewahren können. Aber ich war immer bereit, aus meinen Fehlern zu lernen, gerade und vor allem dann, wenn es wirklich schmerzhaft war. Die allermeisten passieren mir heute garantiert nicht mehr. Für mich ist das die entscheidende Legitimation, dieses Buch zu schreiben. Und sollte ich mich doch einmal wider den hier vorgeschlagenen Regeln und Grundsätzen verhalten, dann möchte ich die Worte des – beinahe vergessenen – deutschen Philosophen Max Scheler für mich in Anspruch nehmen. Angesprochen auf seinen von großer Lust und Leidenschaft geprägten Lebenswandel und seine dazu schon ein wenig in Widerspruch stehende Ethik, seine Ideen von einem richtigen Leben, soll er einst geantwortet haben: »Haben Sie schon einmal einen Wegweiser gesehen, der in die Richtung geht, in die er zeigt?«

In diesem Buch geht es also ums Geld verdienen, Geld anlegen, Geld sparen und selbstverständlich auch darum, wie man Geld ausgibt. Wer Geld anlegen will, muss es zuvor verdient haben und nur sparen allein wird auch auf keinen allzu grünen Zweig führen, wenn man nicht weiß, warum und wofür man das tut. Die 51 (Geld-)Irrtümer, die Sie vermeiden sollten, haben den

Anspruch, sich einer ganzheitlichen und nicht nur einer eindimensionalen Schmalspurbetrachtung zu widmen. Mein Ziel ist es, in diesem Buch in alltagstauglicher, verständlicher Sprache Stolpersteine und Fallstricke in Geld- und Finanzfragen aufzuzeigen. Nicht mehr, aber eben auch ganz gewiss nicht weniger. Und weil der richtige Umgang mit Geld, wie die Suche nach dem richtigen Partner, eine alles andere als leichte und nahezu ausschließlich eigenverantwortliche Mission ist, kann sie nicht von heute auf morgen gelernt werden. Meister fallen auch in allen Geldangelegenheiten nicht vom Himmel. Jede Mission muss – meistens – mit Ausdauer, Nachhaltigkeit, großer Leidenschaft und hoher Frusttoleranz verfolgt werden. Sonst wird das nichts werden – können.

Einige Hinweise

Der Buchtitel: Was genau meint »Making mon€y«?

Zugegebenermaßen hört sich der Buchtitel wohl ein wenig nach dem an, was in den Augen vieler so mancher Investmentbanker tut: ziemlich viel Geld auf ziemlich wilden und nicht immer lauteren Wegen verdienen, wenn's schiefgeht, die Verantwortung delegieren, die Verluste sozialisieren und anschließend den Bonus – rechtens, aber in meinen Augen nicht richtig – auf dem Rechtsweg organisieren. Genau das aber soll der Buchtitel nicht assoziieren. Für mich geht es vielmehr darum, sich durch »Making mon€y« auf ehrliche und anständige Weise so viele finanzielle Freiräume zu schaffen, dass man seinem Chef jederzeit die Meinung geigen, unvermittelt kündigen und dank der Reserven dennoch wenigstens weitere 1 bis 2 Jahre ohne Einschränkungen leben kann. Ein wenig, oder am besten ein wenig mehr Geld auf der richtigen Seite wird immer einhergehen mit zunehmender

Freiheit und Unabhängigkeit. Darum geht es. Nicht mehr – aber nicht weniger.
Wer will, der kann die in diesem Buch aufgelisteten 51 Irrtümer zwei Gruppen zuordnen: den »Handlungsirrtümern« und den »Denkirrtümern« – auch wenn es akademisch sein mag, zwischen falschem Handeln und falschem Denken zu unterscheiden. Letztlich geht es immer darum, was ein Irrtum und was deshalb wahrscheinlich richtig ist. Auch da gilt: Nicht mehr – aber auch nicht weniger.

»Das ist richtig wichtig«

Sie finden diese Überschrift am Ende vieler Kapitel und darunter genau das kurz zusammengefasst, was auf den vorangegangenen Seiten wirklich wichtig war. Es soll auch die Möglichkeit bieten, das eine oder andere gerafft nachzuschlagen.

»Das kann richtig teuer werden«

Nicht immer wird es gelingen, das Richtige zu tun. Ganz im Gegenteil. Immer das Richtige zu tun, ist so gut wie unmöglich. Dafür sind unsere persönlichen Finanzen oftmals einfach zu komplex, die Zahl der Entscheidungsparameter nicht selten viel zu groß und die Zukunft, um die es nicht selten geht, viel zu unsicher. Da unterscheiden sich all die Dinge, die unsere Finanzen betreffen, nur wenig oder gar nicht vom ganz normalen, vom »richtigen« Leben. Aber das braucht es auch nicht. Wenigstens die halbe Miete holt man oft genug schon mit der Vermeidung des jeweils größten Fehlers ein. Genau den finden Sie unter der oben stehenden Überschrift.
Vielleicht ist das der beste Grund überhaupt, dieses Buch zu lesen: die dicksten Fallstricke zu umgehen, die schlimmsten

Klippen zu umschiffen und die größten Irrtümer nach Kräften zu meiden. Wenn nur das halbwegs klappt, dann amortisiert sich der Kaufpreis für dieses Buch locker in wenigen Tagen und/oder mit nur einer einzigen richtig getroffenen Entscheidung.

Alltagstauglichkeit und Verständlichkeit

Alles in diesem Buch, jede kleine Geschichte, jeder Tipp, jeder Hinweis und Ratschlag hat den Anspruch, für absolut jedermann verständlich und lesbar zu sein. Sollte die eine oder andere Zeile den Eindruck vermitteln, dass sie nicht ganz bierernst gemeint ist, dann ist das gewollt. Der Tribut, der diesem Vorgehen zu zollen war, besteht darin, dass das eine oder andere in diesem Buch nicht immer voll und ganz dem Anspruch gerecht wird, der an ein akademisches Lehrbuch gestellt werden würde. Manchmal fehlen Hinweise auf die eine oder andere Ausnahme, manchmal die letzte Begründung und manchmal auch Statistiken und Formeln. Aber eines ist sicher: Das, was da steht, das stimmt und/oder ist meine wohlbegründete Meinung.

Steuern, Inflation & Co.

Fast alle Betrachtungen in diesem Buch klammern die Themen »Inflation« und »Steuern« aus. Jede Form von Preissteigerung trifft im Großen und Ganzen alle in genau demselben Maße.[3] Das Thema kann also »herausgekürzt« werden. Die Steuern wiederum treffen jeden in höchst unterschiedlichem Maße. Deshalb würde es weit über die Möglichkeiten dieses Buches hinausgehen, alle entsprechenden Überlegungen mit einzubeziehen. Das mag ein gewisses Manko sein, aber beispielsweise hat die Einführung der Abgeltungssteuer von pauschal 25 Prozent im Wertpapierbereich alle vor dem Finanzamt wieder gleichgestellt.[4]

Anmerkungen

Die Anmerkungsnoten verleihen dem Buch beim ersten Durchblättern vielleicht einen akademischen, schwer verdaulichen Anstrich. Lassen Sie sich davon nicht abschrecken. Anmerkungen sind, seit ich sie damals in meiner ersten Seminararbeit kennen- und schätzen lernte, eine Marotte von mir und immer so etwas wie ein kurzer zusätzlicher Kommentar, ein launiger Nebensatz, eine kleine Ergänzung oder hin und wieder auch eine Quellenangabe.

Was eigentlich ist Geld?

Vertrauenssache

Ein Buch, bei dem es ausschließlich ums liebe Geld bzw. den schnöden Mammon geht, wird wohl gut daran tun, ganz am Anfang erst einmal Überlegungen darüber anzustellen, was Geld wirklich ist. Denn das fördert vielleicht schon die eine oder andere Überraschung zutage. Fragt man Passanten auf der Straße: »Was ist Geld?«, dann wird man nicht selten Antworten wie die folgenden bekommen: »Das, was ich in meinem Geldbeutel habe!«, »Das, was auf meinem Konto ist!«, »Das, womit ich bezahle!«, »Das, was ich nicht habe!« oder auch nur »Das!«, und dabei wird ein Geldschein oder eine Münze gezeigt.
Ich habe nicht den Eindruck, dass die meisten wirklich wissen, was Geld wirklich ist. Eine erstaunliche Feststellung, denn fast alles in unserem Leben dreht sich doch ums liebe Geld. Seine Verfügbarkeit bestimmt nahezu unser ganzes Leben: wo und wie wir essen, schlafen, wohnen, lieben, Urlaub machen, arbeiten, wo unsere Kinder zur Schule gehen, welche Ausbildung sie erhalten, wie gesund und wie lange wir leben und wie uns geholfen wird, wenn wir ernsthaft erkrankt sind. Wer ein geringes Einkommen hat und auch sonst nur über bescheidende Mittel verfügt, der wohnt in Frankfurt an der Eschersheimer Landstraße und es ist keine Frage, wie gut man schläft, wenn man vor der Haustür eine vierspurige, hochfrequentierte Straße samt

Straßenbahn hat. Wer über viel Geld verfügt, der wohnt in Hamburg-Blankenese – und lässt sich morgens vom Vogelgezwitscher wecken. Es ist reine Illusion zu glauben, dass Geld unser Leben von der Wiege bis zur Bahre nicht entscheidend beeinflusst. Dennoch fällt die Antwort schwer.

Was würden Sie sagen, wenn Ihnen die Frage »Was ist Geld« gestellt werden würde? Meine Erfahrung ist wirklich, dass die allermeisten Menschen, so sie nicht gerade Betriebs- oder Volkswirtschaftslehre studiert und deshalb eine akademisch korrekte Definition zur Hand haben, sich mit einer Antwort auf diese Frage sehr schwertun. Eine etwas akademische, auf jeden Fall aber korrekte, in meinen Augen aber auch ein wenig oberflächliche Antwort: Geld ist erstens ein Zahlungs- und zweitens ein Wertaufbewahrungsmittel. Beides ist klar.

1. Mit Geld kann man in seinen unterschiedlichen Erscheinungsformen als Geldschein, Münze, Kredit- oder EC-Karte, als »Geld auf dem Konto«, als Scheck oder Wechsel aller Arten den Kauf von Was-auch-immer bezahlen.
2. Im Geld steckt also ein Wert drin. Statt zum Beispiel eine Tonne Kupfer im Garten zu lagern, kann man sich auch dessen Gegenwert von zurzeit in etwa 5000 Euro unters Kopfkissen legen, im Portemonnaie aufbewahren oder auf einem Konto vorhalten. Gold zum Beispiel ist ein weiteres der klassischen Wertaufbewahrungsmittel. Es ist offensichtlich: Geld und Gold lassen sich deutlich flexibler einsetzen als etwa eine Tonne Kupfer.

Das Entscheidende beim Geld aber ist, dass wir alle ihm die Funktion als Zahlungs- und Wertaufbewahrungsmittel zuschreiben. Praktisch alle Menschen auf der Welt glauben daran, dass Geld an sich einen Wert hat. Wer arbeitet und als Lohn für seine Arbeit einmal im Monat Geld auf sein Konto überwiesen bekommt, der vertraut darauf, dass er mit »seinem« Geld zum Bäcker gehen und die Sonntagsbrötchen kaufen kann, und der

Bäcker vertraut darauf, dass er damit auch am nächsten Tag noch zum Metzger gehen und 250 Gramm Salami erstehen kann. Wir alle bauen darauf, dass wir, wenn wir Geld zur Bank bringen und dort sammeln, damit auch noch in einer weit entfernten Zukunft beispielsweise etwas Großes, ein Auto oder ein Haus, kaufen können. Wir vertrauen darauf, dass dem Geld in der Zwischenzeit nichts »passiert« und dass es wenigstens im Grundsatz seinen Wert behält.[5]

Ganz am Anfang ist Geld also vor allem eines: Vertrauen! Vertrauen darin, dass Geld einen Wert an sich hat, dass es seinen Wert behält und dass genau dieser Wert auch von allen und vor allem immer (!) akzeptiert wird. Seit Münzen nur noch in Ausnahmefällen aus beispielsweise Gold und Silber bestehen, ihr Materialwert also im Regelfall weit unter ihrem Nominalwert notiert, und erst recht seit es Papiergeld gibt, hat Geld nur deshalb einen Wert, weil wir alle daran glauben und wenig bewusst, aber de facto unser ganzes Vertrauen darin setzen, dass sich daran auch so schnell nichts Grundsätzliches ändern wird. Ist das nicht eine wilde Welt?

Stellen wir uns doch nur mal für einen Moment vor, was geschehen würde, wenn irgendwo auf dieser Welt plötzlich Zweifel daran aufkämen, dass Geld wirklich einen Wert hat, und der eine oder andere es nicht mehr als Gegenleistung für eine Warenlieferung akzeptieren würde. An dem Tag, an dem das passiert und sich diese Vorstellung zu einem Flächenbrand ausbreitet, an dem Tag bricht die uns bekannte Weltordnung zusammen und die, die dann Einzug halten würde, wäre für jeden von uns eine Katastrophe: Wer nur Geld zum Tausch gegen ein Brötchen anbieten kann, Geld aber vom Bäcker nicht mehr akzeptiert wird, weil der nicht sicher sein kann, ob er dafür am Abend vom Metzger auch nur eine Scheibe Lyoner bekommt, der wird entweder hoffentlich im eigenen Garten ein paar Reserven haben oder aber hungern müssen. Und wenn es den meisten so geht, dann war das, was im Herbst

2008 auf dem bisherigen Höhepunkt der Finanzkrise so alles gedacht und gesagt wurde, bestenfalls ein laues Lüftchen, eine kleine Vorahnung im Vergleich zu dem dann aufziehenden Sturm.

Gerade vor diesem Hintergrund ist es spannend, einen kurzen Blick zurück in die jüngere Geschichte des Geldes werfen: Im Juli 1944 trafen sich im US-Bundesstaat New Hampshire die Finanzminister und die Chefs der jeweiligen nationalen Zentralbanken, die sogenannten »Notenbankchefs«[6] der späteren Siegermächte des Zweiten Weltkrieges. Sie verabschiedeten am 22. Juli den Vertrag von Bretton Woods, in dem feste Wechselkurse und der sogenannte Goldstandard festgelegt wurden. Die amerikanische Notenbank, die FED[7], verpflichtete sich darin, zu einem fest vorgegebenen Wechselkurs allen Mitgliedsländern US-Dollars abzukaufen oder anzubieten. Dabei galt, dass 35 Dollar immer eine Unze, also 31,1 Gramm Gold wert sein würden – und umgekehrt. Die Idee herrschte vor, dass jeder Dollar zu jeder Zeit von der entsprechenden Menge Gold gedeckt sein müsse.[8] Ein wenig überspitzt formuliert hätte jeder, der dem Wert seiner Dollars und mittelbar über das System fester Wechselkurse auch seiner eigenen Währung nicht mehr vertraute, nach Fort Knox pilgern und sich dort sein Geld in Gold umtauschen können. Diese Aussicht ließ den einen oder anderen ein wenig schneller ein- und besser durchschlafen und das war ja auch ein Sinn des Ganzen. Allerdings – und ohne ausführlicher darauf eingehen zu wollen, nähere Erläuterungen dazu stehen unter »Bretton Woods« überall im Netz und in aller volkswirtschaftlichen Literatur – hatte dieser Goldstandard mit seinem System fester Wechselkurse in einer schon damals mehr und mehr zusammenrückenden Welt auch nach heutiger Interpretation mehr Nach-[9] als Vorteile und deshalb wurde »Bretton Woods« Anfang der 1970er-Jahre aufgegeben. Zwar verfügt auch die Deutsche Bundesbank heute noch über erhebliche Goldreserven, die sinnigerweise teilweise in den USA lagern,

Mitte 2010 waren es rund 3400 Tonnen – nur die Vereinigten Staaten hatten damals mit rund 8100 Tonnen mehr – aber das reicht nicht annähernd für eine komplette Deckung der »deutschen« Euro aus.[10]

Geld ist seit dem Ende von »Bretton Woods« mehr denn je reine Vertrauenssache. Sonst nichts. Ohne Vertrauen ist Geld die größte Luftnummer, die jemals auf diesem Planeten flächendeckend Platz ergriffen hat. Wer will: Das gemeinsame Vertrauen nahezu aller Konfessionen, Regionen, Staatssysteme in Geld, das eint die Völker der Welt. Geld ist Völkerverständigung vom Allerfeinsten. Da, wo sich Muslime, Juden, Christen, Hindus, Menschen aller Hautfarben, Nationen und Herkunft bei jeder Gelegenheit die Köpfe aus den aberwitzigsten Gründen einschlagen können – da eint sie doch das gemeinsame Vertrauen in Geld, sogar in das Geld des anderen.

So gesehen kann man schnell verstehen, warum sich die Welt im Herbst und Winter 2008/2009 entgegen den sonst üblichen Gepflogenheiten sehr schnell über alle Grenzen hinweg auf Maßnahmen gegen die Finanzkrise verständigen konnte. Das, was gekommen wäre, wenn sie das nicht getan hätte, hätte das Antlitz der Welt irreversibel verändert. Diesem Sturm konnte man sich nur entgegenstellen, solange er noch nicht wirklich losgebrochen war.

Es mag eine sehr ernüchternde Feststellung sein, aber eben auch eine, die richtig Mut macht: Wenn es ums Geld geht, dann werden sich mit einiger Sicherheit auch in Zukunft alle, die Verantwortung tragen, sehr schnell einig werden. Eine erleichternde, beruhigende Erkenntnis, wie ich meine.

■ Das ist richtig wichtig

1. Auf die Gefahr hin, ausgelacht zu werden: Geld ist richtig wichtig und deshalb ist es von herausragender Bedeutung, sich sehr frühzeitig Gedanken darüber zu machen, wie frau/mann im Leben mit Geld umgehen und welche Ziele frau/mann erreichen will.
2. Nur Heuchler, Eremiten, fundamentalistische Ökos, richtig Reiche und die, denen sowieso alles egal ist, werden Punkt 1 begründet widersprechen wollen und können.
3. Geld ist reine Vertrauenssache und vieles spricht dafür, dass es genau das auch bleiben wird.
4. Das Vertrauen in eine Währung, also in das Geld eines Wirtschaftsraumes wie der Europäischen Währungsunion oder einer Nation wie der Schweiz ist c.p.[11] umso größer, je geringer zum Beispiel der von diesem Land für seine Anleihen gezahlte Zins ist.
5. Das Vertrauen in eine Währung ist auch umso größer, je stärker diese Währung im Vergleich zu anderen Währungen ist. Anders herum: Je billiger ein USA-Urlaub für uns ist, desto größer ist das Vertrauen in unseren Euro.

(K)eine Welt für sich

Spätestens als wir uns mit unserer selbst für die damalige Zeit erbärmlichen Ausrüstung bei sengender Hitze schwitzend und keuchend erst das Kühtai und dann das Timmelsjoch hochquälten, wurde uns beiden endgültig klar, worauf wir uns da wirklich eingelassen hatten: Eine Fahrradtour von unseren oberfränkischen Studiengefilden nach Athen ist selbst dann nicht wirklich von Pappe, wenn man wie wir den Weg durch Italien wählt und deshalb zumindest einen größeren Teil der Strecke auf einer Fähre zubringen darf. Was einst in Partystimmung mit einer Wette und stichelnden Äußerungen wie »Das schafft ihr nie im Leben!« begonnen hatte, endete damals irgendwo an der Waldgrenze zwischen Sölden und Obergurgel beinahe in einem Kreislaufkollaps und später oben auf der Passhöhe um ein Haar im totalen Desaster.

Wir schrieben das Jahr 1987. In Deutschland wurde noch mit D-Mark, in Österreich mit Schilling und in Italien mit Lire bezahlt. Plastikgeld aller Art wurde noch nicht flächendeckend zum Zahlungsverkehr angenommen. Wer etwas anderes als Bargeld mitnehmen wollte, der tat das in Form von Reiseschecks. Ihr Vorteil lag darin, dass der Betrag, auf den sie lauteten, versichert war. Ein Verlust also leichter zu verschmerzen war als der Verlust von Bargeld. Ihr Nachteil war, dass sie bei Weitem nicht allerorts eingelöst wurden. Auf jeden Fall nicht auf dem Timmelsjoch. Als wir in den späteren Nachmittagsstunden endlich oben ankamen, waren wir komplett dehydriert und so leer und schwach wie wohl niemals mehr zuvor oder danach. Ich kann mich sehr gut daran erinnern, dass wir mehr durch die Gegend stolperten als gingen und uns selbst das Sitzen schwerfiel. Wir sprachen etwa 20 Minuten nicht ein Wort und unser Erschöpfungszustand muss wohl die eine oder andere Nachfrage ausgelöst haben, die wir aber nicht beantworten konnten. Wir brauchten dringend etwas Ordentliches zu essen und zu trinken.

Als wir nach etwa einer halben Stunde in der Hütte wieder in der Lage waren, klare Gedanken zu fassen, und mit einem Kassensturz begannen, stellte sich ein weiteres Mal heraus, dass wir uns einfach kläglich vorbereitet hatten. Wir überquerten nicht nur die Alpen mit Caravan-Karten des ADAC, wir besaßen dort

oben gerade eben noch etwa 15 D-Mark und auch die standen uns nicht als homogene Einheit, sondern in Form von Lire, Schillingen und D-Mark zur Verfügung. Damit war klar, dass wir erstens nur Wasser vom Waschbecken in der Toilette trinken und zweitens nicht unbedingt schlemmen würden. Mit den angegebenen Umtauschkursen für die drei Währungen und der Speisekarte begannen wir nun damit, Kalorien zu optimieren. Vermutlich zum letzten Mal in meinem Leben lautete die Frage, was wir gemeinsam bestellen müssten, um möglichst *viele* Kalorien auf den Tisch zu bekommen.
Bis zu diesem Zeitpunkt hatten wir von dem, was da in der Hütte um uns herum geschah, nicht allzu viel mitbekommen. Das uns gegenübersitzende Ehepaar bemerkten wir erst, als sie zahlten, aufstanden und uns mit wenigen Worten 10 000 Lire auf den Tisch legten. Wir wussten nicht, wie uns geschah, und vermutlich bestand unsere Reaktion nur in gestammelten Halbsätzen. Woran ich mich aber heute noch ganz sicher erinnern kann, sind diese Worte: »Bitte nehmen Sie das Geld und kaufen Sie sich damit etwas zu essen. Wir wären sehr froh, wenn unsere Söhne einmal eine Radtour wie Sie machen würden, und wir wären sehr dankbar, wenn dann auch ihnen geholfen werden würde!« Dabei strahlten sie und ihre Augen funkelten vor Stolz und Freude. Stolz darüber, dass sie uns hatten helfen können, und Freude über unsere leuchtenden Augen. Diese 10 000 Lire waren so viel mehr wert als 20 D-Mark oder zwei Kaiserschmarrn. Sie waren das Leuchten in 4 Augenpaaren. Sie machten 4 Menschen überglücklich. Nur Geld konnte das in diesen Augenblicken leisten. In diesen Momenten war Geld eine Welt für sich.

Meistens ist es das nicht, sondern ein integraler Bestandteil unserer Welt. Wer auch nur versucht, Geld aus unserem Alltag wegzudenken, der kann auch gleich damit anfangen, sich wieder in Wälder und Höhlen zurückzuziehen. Ohne Geld beginnt sofort die Steinzeit. Das mag für den einen oder anderen und für ein paar 100 000 bis ein paar Millionen Menschen auf dem gesamten Planeten eine vergleichsweise kuschelige und vielleicht irgendwie doch noch erstrebenswerte Angelegenheit sein. Für eine Welt mit bald 7 Milliarden Menschen wäre es das Ende.

In den wenigen Wochen im Herbst 2008, als die Finanzkrise die Welt aus den Angeln zu heben drohte, geisterte durch viele Diskussions- und Stammtischrunden die Vorstellung, dass man die Realwirtschaft völlig von den Geldkreisläufen lösen könne. Als Begründung wurde oft genannt, dass das eine mit dem anderen ohnehin schon lange nichts mehr tun hätte und dieser Schritt der Lossagung von der Welt des Geldes nur noch der letzte formale Schritt wäre. Erstaunlicherweise schlossen sich nicht selten auch gut ausgebildete und reichlich konservative Zeitgenossen dem Gedanken an, die ganze Geldwirtschaft am besten einfach komplett abzuschaffen und die ohnehin nur im virtuellen Raum auf irgendwelchen Festplatten und RAM-Speichern existierenden Nullen dieser Welt einfach zu streichen, um unbehelligt von Investmentbankern und ihren Missetaten einfach und vor allem besser weiterzumachen.

Zweifellos war das zumindest damals ein verführerischer, ja ein verlockender Gedanke. Allerdings sind solche Vorstellungen so weit entfernt von jeder denkbaren Realität wie der Mars von unserem Mond. Jede noch so virtuelle »1« oder »0« repräsentiert, an welcher Stelle sie auch immer auftaucht, das Eigentum, das Vermögen, das Geld, wie auch immer wir das nennen wollen, eines Menschen oder einer juristischen Person wie dem Rentner um die Ecke, der Krankenpflegerin im ambulanten Dienst, einer Stadt oder eines Unternehmens. Die Nullen zu streichen, hieße, die Betroffen zu enteignen, ihnen Geld wegzunehmen, das sie wie auch immer verdient, zurückgelegt und gespart haben. Die wichtigste Erkenntnis ist deshalb, dass diese Virtualität keine Virtualität ist. Sie ist unser aller individuelle

Realität. Auch wenn Geld manchmal in atemberaubendem Tempo und in unglaublichen Summen von einem elektronischen Speichermedium zu einem anderen geschoben wird, so ist es dennoch Realität: für die Menschen, die das in der Hoffnung tun, sich dadurch einen Vorteil zu erwirtschaften. Oder für die, die damit »nur« wirtschaftlichen Notwendigkeiten wie dem Bezahlen einer Rechnung oder der Absicherung eines Exportgeschäfts gegen Währungsschwankungen nachkommen. Für Kreditnehmer und Kreditgeber. Für Spekulanten[12], Sparer und Anleger. Für uns alle. Ob man das gut oder schlecht findet, ist irrelevant – es ist so!

Übrigens: Es gibt dann doch noch eine Situation, in der Geld eine Welt für sich ist. Nämlich genau dann, wenn mit Geld unmittelbar mehr Geld verdient werden soll. Also dann, wenn Geld an den Finanzmärkten dieser Welt angelegt wird. Dann gelten zwar noch immer viele Alltagsregeln. Aber einen gewaltigen Unterschied gibt es auf jeden Fall garantiert immer. Das ist der Skaleneffekt. Wer auch immer 100, 10 000 oder gar 1 000 000 Euro anlegt: Die Arbeit, die für eine gute Anlageentscheidung geleistet werden muss, die bleibt in jedem Fall nahezu die gleiche. Die absolute Rendite dagegen ist jeweils eine völlig andere. 10 Prozent von 10 000 sind 1000 Euro. 10 Prozent von einer Million sind 100 000 Euro. Das 100-fache Ergebnis bei gleicher Arbeit! Das gibt es zumindest dort, wo Geld redlich, ehrlich und konform mit unseren Gesetzen[13] verdient werden soll, nirgendwo ein zweites Mal. Das gibt es nur an den Finanzmärkten und vielleicht sind sie genau deshalb für so viele so faszinierend und anziehend. Wer in seinem Job auch nur doppelt so viel Geld verdienen will wie zuvor, schon der wird sich meistens etwas Besseres einfallen lassen müssen, als »nur« doppelt so viel zu arbeiten. Ein 100-facher Einsatz, um den 100-fachen Lohn zu ernten, das ist noch nicht einmal ein halbwegs taugliches Denkmodell. Das hätte auch Herkules überfordert. Nur wenige Glückspilze werden bei gleicher Arbeit und ohne zusätzliche Investition in Was-auch-immer, beispielsweise Bildung, signifikant mehr verdienen.

Genau das macht in meinen Augen alle Geldangelegenheiten so ganz anders, die intensive Beschäftigung mit Geld so reizvoll und gewinnbringend und genau deshalb kann die Rendite für eine »Geld-Ausbildung« so exorbitant hoch sein. Eine bessere Berechtigung für dieses Buch kann es gar nicht geben.

Die Irrtümer

1 Der Autor ist ein Theoretiker

Wenn einer ein Buch über »Making mon€y« und die damit verbundenen Irrtümer schreibt, dann wird die erste Frage der allermeisten Leser fast zwangsläufig die nach seiner Legitimation sein (müssen). Ein armer Wicht, der selbst nur in der sehr zurückhaltenden und eingeschränkten Definition der Einleitung dieses Buches über »Making mon€y« schreibt, ist in etwa so glaubwürdig wie ein Mann, der über die Schmerzen einer Geburt referiert, ein enthaltsamer Bierbrauer oder irgendein Erdenbürger, der die Existenz der Gravitation bestreitet. Die Frage hat also Bedeutung und muss beantwortet werden: Bin ich Theoretiker?
Nein – das bin ich nicht. Ich verfüge wenigstens über ein wenig Erfahrung und zumindest ein wenig »Geld gemacht« habe ich schon auch.

2 Geld ist Männersache

Das ist eine bemerkenswerte Fehleinschätzung. Alle vorliegenden Untersuchungen weisen darauf hin, dass Frauen die besseren Anleger sind. Sie sind analytischer, kühler, weniger impulsiv, stressresistenter, ausdauernder etc. Geld ist keine reine Männersache. Ganz und gar nicht.

■ **Das ist richtig wichtig**

Für alle Männer: Beziehen Sie Ihre Partnerin in allen Geldfragen in Ihre Entscheidungsfindung prominent mit ein. Sie sind dann gleich in mehrfacher Hinsicht fein beziehungsweise sogar besser raus.

■ **Das kann richtig teuer werden**

Es nicht zu tun. Aber das ist möglicherweise keine neue Erkenntnis.

3 Wertpapierberater sind Berater

Seit auch die Gralshüterin des deutschen Konsumentenschutzes, die Stiftung Warentest, zum wiederholten Male festgestellt hat, dass es, vorsichtig ausgedrückt, um die Beratungsleistung nahezu aller deutschen Banken nicht unbedingt zum Besten bestellt ist, seither ist die folgende Feststellung keine besonders neue Erkenntnis und schon gar kein großes Geheimnis mehr: Wer sich darauf verlässt, dass der Rat eines durchschnittlichen Wertpapierberaters einer typischen deutschen Geschäftsbank wenigstens ein durchschnittlich guter ist, der darf sich nicht nur verraten und verkauft vorkommen. Er ist es auch.

Wer sich auf die Suche nach den Gründen dieses bestätigten, katastrophalen Urteils über eine ganze Zunft macht, der wird vielleicht zuallererst über das Wort »Wertpapierberater« nachdenken müssen. Ein Berater zeichnet sich dadurch aus, dass sein Rat entlohnt wird. Das gilt zum Beispiel für Unternehmensberater. Ein Wertpapierberater jedoch verdient durch die reine Beratung nichts. Erst nach einem Verkaufsabschluss, erst wenn seine Beratung zu Umsatz geführt hat, erst dann lohnt sich das Ganze für ihn und seinen Arbeitgeber. Genau genommen ist ein Wertpapierberater also gar kein Berater, sondern ein Verkäufer. Nicht die Beratung an sich wird entlohnt, sondern der danach folgende Umsatz. Genau deshalb stehen Verkäufer von Wertpapieren wie so viele andere ihrer Zunft unter enormer Umsatzverantwortung (um das Wort »Druck« zu vermeiden), die darin gipfelt, dass in fast jeder durchschnittlichen Bank der Vorgesetzte mehr oder weniger in Echtzeit verfolgen kann, welche Ergebnisse seine Schäfchen gerade produzieren.

Auch deshalb sind diese oft genug vor allem am Umsatz in Wertpapieren des eigenen Hauses interessiert. Selten wird in einem Sparkassendepot der Pfandbrief einer Volksbank oder ein Zertifikat der Deutschen Bank landen – und umgekehrt. Denn mit den hauseigenen Produkten verdient der Wertpapierverkäufer mehr Geld als mit Produkten fremder Häuser.

Natürlich könnte man auch über die Ausbildung und das Wissen so mancher in diesem Geschäft begründet nachdenken. Nicht selten, so das Ergebnis der Tests, schaffen die »Beraterverkäufer« es einfach nicht, zu erkennen, was wirklich gut ist für ihren Kunden. Welche individuelle Risikobereitschaft er mitbringt und wie seine kombinierte Lebens- und Vermögensplanung aussieht. Oft besteht auch zwischen dem, was ein Kunde sagt, und dem, was er wirklich meint, ein himmelweiter Unterschied. Auch wird er sich oft genug im Angesicht eines anderen, der in seinen Augen weit besser informiert sein muss, keine Blöße geben wollen und wird deshalb sagen und antworten, was er glaubt, sagen zu sollen. So seltsam sich das anhört: Ja – manchmal will ein Kunde seinen »Berater« nicht enttäuschen und nickt deshalb dort, wo er besser den Kopf geschüttelt hätte. Und nun stellen Sie sich vor, dass ein guter Verkäufer das weiß! Dennoch ist das nicht alles. Es gibt noch einen weiteren Punkt – und da kommt König Kunde wieder prominent ins Spiel: Jeder gute Verkäufer weiß, dass er vor allem dann Umsatz macht, wenn er seinem Kunden nach dem Mund redet und die »Abers« zwar verabreicht, aber eben in homöopathischen Dosen. Einen Kunden, der die weitere Zukunft beispielsweise der Siemens-Aktie optimistisch einschätzt, den kann der Bankangestellte vielleicht noch in einen Fonds hineinberaten.[14] Ein ungleich schwierigeres Unterfangen wird es dagegen sein, ihm seine Kaufabsicht ganz auszureden oder ihn sogar zum Verkauf bereits bestehender Aktienpositionen zu bewegen. Darüber hinaus birgt ein solches Vorgehen auch noch die Gefahr, dass der Kunde unverrichteter Dinge wieder von dannen zieht und das Geschäft mit der Konkurrenz abschließt. Wenn der eine Kunde also unbedingt Siemens kaufen und der nächste ebenso unbedingt Siemens verkaufen will – ja, dann werden eben beide Geschäfte gemacht. Danach hat wenigstens für einen Moment, völlig unabhängig davon, was denn nun wirklich richtig gewesen wäre, die Zahl der zufriedenen Menschen ein Maximum erreicht: drei! Der Salesman hat zudem die Gewissheit, dass einer seiner beiden Kunden ihn in guter Erinnerung behalten wird. Die beste Basis fürs nächste Geschäft.

Im Regelfall wird aber auch der, der mit Siemens-Aktien das Falsche angestellt hat, wiederkommen. Mehr als fast alle anderen Geschäfte sind Geldgeschäfte hierzulande etwas, das man vor allem mit Menschen seines Vertrauens bespricht – und das ist nun einmal der- oder diejenige, mit dem/der man das schon lange tut. Das gilt selbst dann, wenn die Ergebnisse der »Beratung« schwer zu wünschen übrig lassen. Für diesen Fall verschanzen sich alle Beteiligten nur allzu gern hinter den diversen Unmöglichkeiten: Konnte man nicht kommen sehen; wer hätte das wissen können; die Überlegung war richtig – aber der Markt hat sich wieder einmal völlig anders als rational verhalten etc. Das ist Balsam für die geschundene Seele des Aktionärs und außerdem kann man es beim nächsten Mal oder am besten gleich besser machen. Schon macht der Salesman sein nächstes Geschäft. Man will sich ja auch nicht mit seinem höchstpersönlichen Outing zur Konkurrenz begeben und zugeben, dass man sich so lange freiwillig so schlecht beraten ließ. Vor allem: Wo steht geschrieben, dass die Konkurrenz besser ist?

Übrigens (1) sind Bankangestellte keine Beamten. Auch wenn sie sich das vielleicht wünschen würden, sie hinter ihrem Tresen oder Tisch oft genug so hoheitlich zu wirken versuchen oder der noch vielerorts verwendete Begriff des »Bankbeamten« genau das suggerieren mag. Sie sind Wesen aus Fleisch und Blut, die, wenn Sie das zulassen, mit Ihnen keinen Deut anders oder gar besser umspringen wie jeder Verkäufer auf einem orientalischen Basar. Die beiden einzigen Unterscheide sind seine Krawatte und ihr Kostüm. Auch wenn die Berater 100-mal das Gegenteil beteuern: Sie haben Spielräume und sie sind jederzeit bereit, sie zu ihren eigenen Gunsten zu nutzen. Lassen Sie das nicht zu!
Übrigens (2) hat das Internet mit seinen unermesslichen Informationsmöglichkeiten daran bislang kaum etwas ändern können. Noch immer scheint mir vielen das Wort der Frau oder des Mannes in der Filiale vor Ort mehr wert zu sein als alles andere. Leider wird dieses Wesen diesem Vertrauensvorschuss viel zu oft nicht gerecht. Die Gründe dafür mögen aus ihrer/seiner Sicht verständlich sein. Aus Kundensicht sind sie es ganz gewiss nicht.

Weil diese letzten Abschnitte schon ein wenig geharnischt daherkommen, ist es mir außerordentlich wichtig, die nachfolgenden Sätze einzufügen: Mir geht es auf keinen Fall darum, hier einen ganzen Berufsstand oder gar irgendjemanden persönlich schlechtzumachen. Das steht mir schlicht nicht zu. Auch ich habe mit meiner Firma und meinen Mitarbeitern schon richtig schlechten Rat erteilt.[15] In einem Business, das sich gerade dann, wenn es um Wertpapiere geht, der immer ungewissen Zukunft verschrieben hat, kann das auch gar nicht anders sein. Aber unser Rat war immer unabhängig von irgendwelchen Vorgaben, Zielsetzungen oder Umsätzen.

Ich weiß auch, unter welch unchristlichen hausinternen Vorgaben, die oft durch Haftungsfragen vorgegeben werden, viele Wertpapierverkäufer leiden. Wenigstens manch einer wäre besser, wenn er/sie denn besser sein dürfte. Es steht darüber hinaus zudem völlig außer Zweifel, dass es sehr viele, sehr gute, meistens nicht mehr taufrische Fahrensmänner und -frauen gibt, die viel erlebt und viel Gutes getan haben, denen Freiheiten eingeräumt werden und die vielleicht gerade deshalb dauerhaft in der Lage sind, guten Rat zu geben. Aber das ist nach allem, was ich als Privat- und Geschäftsmann erfahren habe, was mir in mehr als zwei Jahrzehnten Beschäftigung mit den Finanzmärkten von Menschen aller Couleur, Herkunft und Vermögenssituationen zugetragen wurde, und nicht zuletzt durch das, was auch zum Beispiel die Stiftung Warentest ermittelt hat, eben nicht die Mehrheit. Leider. Was aber ganz unabhängig davon gilt und gerade in diesem Kontext unbedingt beachtet werden muss: Wir werden nicht alle gleichzeitig an den Finanzmärkten glücklich werden können. Das ist systemisch ausgeschlossen. Auch hier: Leider. Doch mehr dazu im Abschnitt, der genau diese Überschrift trägt.

■ Das ist richtig wichtig

1. Wertpapierberater sind Verkäufer. Nicht Berater. Nachteil: Deren Rat ist verkaufsorientiert. Vorteil: Sie können um absolut alles feilschen. Vor allem um Gebühren. Tun Sie's.
2. Werden Sie äußerst hellhörig, wenn Ihr Wertpapierberater eine Position aus Ihrem Depot verkaufen und Ihnen dann gleich wieder eine neue ins Depot hineinlegen will. Solche Geschäfte sind »Salesman's Paradise«. Ihr Paradies sieht anders aus. Ganz anders. Denn dann fallen für den Verkauf Ihres »alten« Wertpapiers und den Kauf des »neuen« Papiers die Gebühren gleich doppelt an.

■ Das kann richtig teuer werden

Machen Sie völlig unkritisch immer und sofort genau das, was Ihnen Ihr Wertpapierverkäufer rät.

4 Finanzberatung kostet nichts

Irrtum. Sie kostet. Und zwar im Zweifel nicht zu knapp. Nur werden diese Kosten selten so offen ausgewiesen wie etwa die Provision beim Wertpapierkauf. Der freundliche Herr hinter dem Tresen schickt Ihnen im Regelfall keine Rechnung. Seine Tantiemen sind fein säuberlich dort hineingerechnet, wo sie niemandem so schnell auffallen. Sie verstecken sich in Ausgabeaufschlägen, Verwaltungsgebühren, Bid-Ask-Spreads, in Disagios und in Zinsen, die spürbar von dem allgemeinen Zinsniveau abweichen. Die Liste ließe sich leicht noch um den einen oder anderen Punkt ergänzen.

Gerade auch vor diesem Hintergrund mag es Sinn machen, darüber nachzudenken, auch in Finanzfragen Honorarberatung in Anspruch zu nehmen. Wie beim Therapeuten, Steuerberater etc. zählt dann für alle Beteiligten der gute Rat und nicht die Kommission. Der Beratende bekommt eine umsatzunabhängige Vergütung und der Ratsuchende einen nicht durch Umsatzgelüste oder -druck gefärbten Rat.

Der Nachteil wird, wenigstens bis zu einem gewissen Grad, in den höheren Kosten bestehen. Aber weil garantiert nichts teurer ist, als ein »falsches« Wertpapier im Depot zu haben, können die zusätzlichen Ausgaben durch den richtigen Rat mit dem »richtigen« Wertpapier sehr schnell wieder eingefahren werden.

Ganz abgesehen davon, dass dann, wenn der Beratende, zum Beispiel ein Financial Planner[16], gut informiert ist, er auch wissen wird, wie man zumindest in dem einen oder anderen Fall das gleiche oder ein vergleichbares Produkt zu geringeren Kosten erstehen und im Depot verwahren kann.

■ Das ist richtig wichtig

Honorarberatung in Finanzfragen muss nicht notwendigerweise das Nonplusultra sein. Aber sie ist eine zusätzliche Überlegung wert. Denn eines ist ganz sicher: Alles auf dieser Welt hat seinen Preis. Wenigstens dann, wenn es um Ihre Finanzen geht.

5 Festverzinsliche Wertpapiere sind langweilig

Sind sie. Ein Zweifel daran ist kaum möglich. Aber ist das nicht herrlich? Wer zum Beispiel eine Anleihe der Bundesrepublik Deutschland an dem Tag erwirbt, an dem das zum ersten Mal möglich ist – das ist die Stunde der Emission, der Vorgang wird »Zeichnen« genannt –, und dann das Ende der Laufzeit, typischerweise 10 Jahre, abwartet, der bekommt ganz sicher seine Zinsen immer exakt zum vereinbarten Zeitpunkt ausgezahlt und genauso sicher am Ende das investierte Geld seinem Konto wieder gutgeschrieben. Wer dafür ein Konto bei der Deutschen Finanzagentur eröffnet, der muss sich nicht einmal mit der Frage von Kontoführungs- und Depotgebühren oder Provisionen herumschlagen – sie fallen erst gar nicht an.
Das Beste aber ist: Wer seit 1960 nicht etwa konsequent auf Ak-

tien, sondern auf Anleihen gesetzt hat, der konnte eine durchschnittliche Jahresrendite von rund 6,5 Prozent erzielen. Bei Aktien liegt dieser Wert bei 6,0 Prozent.[17] Das muss hellhörig machen: Die langweiligste Wertanlage überhaupt erzielt eine höhere Rendite als die in vielerlei Hinsicht anspruchsvollste.

Während die Aktien eine Berg- und Talfahrt der Sonderklasse hinlegten und in der genannten Zeit noch nicht einmal die in Lehrbüchern (wegen dieses höheren Risikos in allen Büchern der Volkswirtschaftslehre) postulierte »Zusatzrendite« erzielen konnten, dümpelten deutsche Anleihen einfach wunderbar langweilig, aber supererfolgreich vor sich hin. Keine Herzinfarktgefahr während oder nach einem Crash, keine unsicheren Dividenden, kein schlechter Schlaf etc. Einfach nur ein sicherer Zins, eine sichere Rückzahlung und in der Zeit dazwischen null Aufregung.

Die Tabelle zeigt die durchschnittliche Jahresrendite in der jeweiligen Dekade von in Deutschland emittierten Inhaberschuldverschreibungen v/c Anleihen basierend auf den Zahlen der Bundesbank. Diese Rendite hätte ein Anleger durchschnittlich in den entsprechenden Jahrzehnten durch den Erwerb von Anleihen erzielen können.

Jahrzehnt	Durchschnittliche Rendite pro Jahr
1960–1969	6,6%
1970–1979	8,2%
1980–1989	7,6%
1990–1999	6,5%
2000–2009	4,0%

Ich gestehe ehrlich, dass mich die Klarheit und Eindeutigkeit dieser Zahlen überrascht hat. Spätestens nach der Finanzkrise in den Jahren 2008 und 2009 schwante mir zwar schon, dass es mit der nur allzu oft allzu gern behaupteten und auch viel zu wenig hinterfragten Herrlichkeit der Aktien nicht gar so weit her sein kann. Aber ich hätte keinen Pfifferling darauf gesetzt, dass ein Investment in Renten nicht nur nervenschonender, sondern sogar in absoluten Zahlen auch vorteilhafter gewesen wäre. Für einen wie mich, der seit mittlerweile zwei Jahrzehnten bestimmt 80 Prozent seiner Aufmerksamkeit auf Aktien verwandt und den Rest der Konzentration nicht nur auf Anleihen, sondern auch auf Rohstoffe und Währungen verteilt hat, ist das eine dramatische Erkenntnis von nicht unerheblichem Ausmaß. Aber es ist so.

Vermögensentwicklung bei Investition in deutsche Anleihen seit 1960; Kurs Jan. 1960: 1; Kurs November 2010: 24.

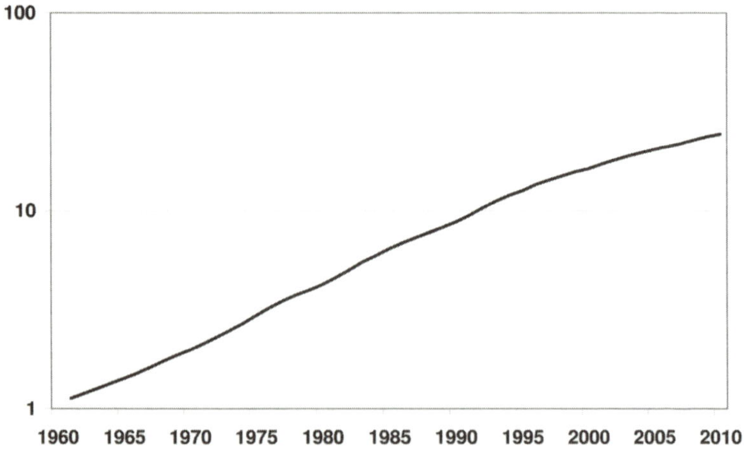

Aus aktuellem Anlass ein Hinweis

Ende 2010 rentieren 10-jährige Bundesanleihen knapp unter 3 Prozent und damit historisch betrachtet noch immer auf einem sehr niedrigen Niveau. Wer sich mit dem Gedanken trägt, in 2011 Bundesanleihen zu erwerben, der wird deshalb nur einen vergleichsweise geringen Zinssatz für die nächsten Jahre realisieren können. Auch wenn das langfristig den Vorteil eines Investments in Anleihen im Vergleich zu Aktien wahrscheinlich nicht in Frage stellen wird, könnte deshalb 2012 oder 2013 ein besserer Zeitpunkt für den Start in eine Anleihen-basierte Anlagestrategie sein.

Aus jeder 1960 erstmalig investierten Mark/Euro wären bis 2010 bei Wiederanlage der jährlich erhaltenen Zinsen 24 Mark bzw. Euro geworden. Aus jeder in den DAX investierten Mark wären im gleichen Zeitraum rund 14 Mark bzw. Euro geworden.[18] Und wie schon erwähnt: das Ganze bei weit geringeren Schwankungen des Vermögens.
Zur Sicherheit auch noch mal ein Blick auf den Rentenindex der Deutschen Börse AG, den deutschen Rentenindex REXP. In ihn fließen neben Zinserträgen auch die Kursveränderungen deutscher Staatsanleihen mit ein. Er misst also den gesamten Anlageerfolg in dem jeweiligen Betrachtungszeitraum. Sein Chart sieht so aus[19]:

Der REXP; Kurs im Januar 1967: 21; Kurs im November 2010: 396.

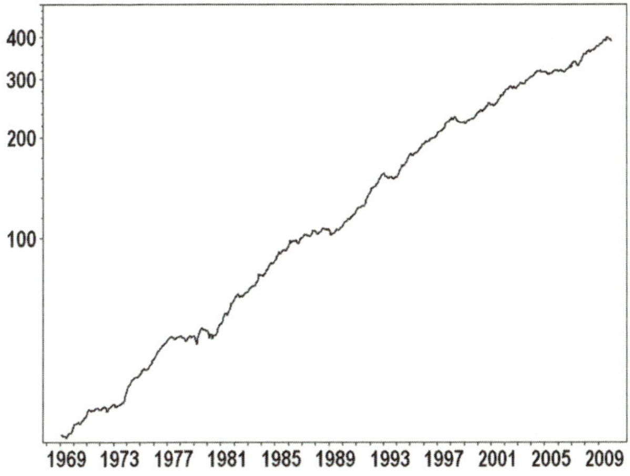

Auch wenn die Zeitreihe nur bis 1967 zurückreicht – die Aussage ist die gleiche wie die schon oben festgehaltene.

Das ist richtig wichtig

1. Anleihen der Bundesrepublik Deutschland sind ganz hervorragende, aber unterschätzte Investments. Wenig spricht dafür, dass sich daran in Zukunft irgendetwas Grundsätzliches ändern sollte.
2. Alles hier Geschriebene gilt im Großen und Ganzen auch zum Beispiel für Bundesschatzbriefe.

Das kann richtig teuer werden

Investieren Sie nie oder nur in kleinem Umfang um des überschaubaren Zinsvorteils willen in Unternehmensanleihen oder ähnliche Papiere. An den Finanzmärkten hat fast alles seinen Grund: Wer einen höheren Zins erhält, der geht in den allermeisten Fällen auch ein höheres Risiko ein. Beispielsweise ist deshalb in den Augen der Investoren die Rückzahlung der Anleihe durch das Unternehmen am Ende der Laufzeit in etwa proportional zu dem Extrazins weniger wahrscheinlich.

Anmerkung eines Analysten

Gerade zu dem Zeitpunkt, da dieses Buch im Frühling 2011 erstmalig erscheint, spricht einiges dafür, dass nach langen Jahren teilweise sogar dramatisch fallender Zinsen eine Trendwende stattgefunden haben wird und die Zinsen fortan wieder deutlich steigen werden. Das ist zunächst nicht so schlecht. Hohe Zinsen versprechen zumindest nominal eine höhere Verzinsung. Doch im Regelfall steigen die Zinsen, wenn auch die Preissteigerung anzieht. Wenn diese beispielsweise bei 3 Prozent und die

Rendite einer Anleihe bei 6 Prozent liegt, dann ist der Realzins, also das, was man nach einem Jahr tatsächlich mehr in Händen hält, mit 3 Prozent nicht mehr gar so spannend. Aber gut – das ist nicht zu ändern.[20]

Da ist noch etwas Beachtenswertes: Wenn die Zinsen steigen, dann fallen die Kurse der Anleihen. Wer eine neue Anleihe mit einem Zins von 5 Prozent kaufen kann, der wird auf seine alte mit einem Zins von 3 Prozent keine gar so große Lust mehr verspüren und deshalb die eine in die andere tauschen. Deshalb fallen die Preise der »alten« Anleihen. Gut ist, dass diese Kursverluste vorübergehend sind. Jede Anleihe wird am Ende ihrer Laufzeit zum Beispiel von der Bundesrepublik Deutschland wieder voll zurückgezahlt. Wer 100 investiert hat, der bekommt c.p. wieder 100 zurück. Weniger gut ist das: Wer die Anleihe vor ihrem Laufzeitende verkaufen will, etwa weil er das Geld braucht, der kann in dieser Phase (stark) steigender Zinsen ein echtes Waterloo erleben. Es könnte sich deshalb anbieten, in den nächsten 1 bis 2 Jahren auf das altbewährte Sparbuch oder vergleichbare Anlagen zu setzen oder beispielsweise inflationsgeschützte Anleihen zu erwerben und die geringere Rendite – jede »Versicherung« hat ihren Preis – zu akzeptieren. Aber das ist nur ein Optimierungsvorschlag und kein Abweichen von der generellen Aussage: Anleihen sind langweilig – aber klasse.

6 Legen Sie sich Aktien zu

Seit vielen Jahrzehnten bemühen sich viele Be- und Aufgerufene in Deutschland mit mehr der weniger Elan, das zu implementieren, was man gemeinhin unter »Aktienkultur« versteht. Gemeint ist der Versuch, aus den Deutschen ein Volk von Aktionären zu machen. Aber leider tun das alle miteinander so unfassbar erfolglos, dass man darüber gern den Mantel des

Schweigens decken möchte. Auch ich bin daran bislang gescheitert ...[21] Wo in Ländern wie den USA wenigstens 1 von 4 oder in Schweden sogar 1 von 3 Haushalten ein Depot mit Aktien, Aktienfonds o. Ä. besitzt, ist das in Deutschland nach neuester Zählung noch nicht einmal 1 von 10 Haushalten. Die weite Mehrheit der Deutschen sieht in Aktien anscheinend so etwas wie Teufelszeug, irgendetwas Unkalkulierbares, von dem man am besten die Finger lässt, etwas, was mehr mit finanziellem Ruin denn mit der Auferstehung aus ebensolchem zu tun hat. Haben diese Menschen damit recht – oder ist das nur ein Beweis dafür, dass die Mehrheit meistens nicht zu einer guten Einschätzung in der Lage ist?

Die durchschnittliche jährliche Rendite deutscher Aktien in den letzten 50 Jahren betrug laut DAI[22] und gemessen am DAX[23] 6,0 Prozent. Das hört sich zunächst gar nicht so schlecht an. Wer 12 Jahre hintereinander eine Rendite seines Vermögens von 6 Prozent erzielt, der hat sein Geld verdoppelt, und wer das Kunststück 19 Jahre am Stück geschafft hat, der hat es gar verdreifacht. Aber da fangen die Probleme auch schon an. Eine Durchschnittsbetrachtung ist deshalb eine Durchschnittsbetrachtung, weil sie alle Höhen und Tiefen auf genau einen einzigen Wert eindampft. Egal, was in der Zwischenzeit war – am Ende steht der Durchschnitt. Seit 1960 aber war im DAX eine ganze Menge los. Wer sich nur die durchschnittlichen Jahresrenditen der einzelnen Jahrzehnte anschaut, der hat eine ungefähre Vorstellung, wie fuchsteufelswild es dabei zuging und wie wenig ein Durchschnittswert mit der Depotrealität zu tun haben kann.[24]

Jahrzehnt	Durchschnittliche Jahresrendite
1960–1969	+1,4%
1970–1979	+4,0%
1980–1989	+17,7%
1990–1999	+19,5%
2000–2010	0,0%

Dazu der DAX-Chart seit 1960

Während also in den 1980er- und 1990er-Jahren mit vergleichsweise geringer Nervenbelastung richtig Reibach gemacht werden konnte, waren die Jahrzehnte davor und danach eine einzige nervenzerfetzende Veranstaltung mit Herzinfarktgarantie und unterm Strich ein völlig unfassbares Trauerspiel ohne allen Gewinn. Wer will sich schon freiwillig die Achterbahnfahrt eines Aktienmarktes antun, der es gerade in den Jahren nach der Jahrtausendwende auf die sagenhafte Wertentwicklung von ziemlich genau 0 Prozent gebracht hat? Macht es wirklich Sinn, sein Vermögen zu nennenswerten Teilen solchen Schwankungen und den damit verbundenen Herz- und Hirnschmerzen auszusetzen? Ohne viele Worte: Das hat gerade in den letzten 10 Jahren so gut wie keinen Sinn gemacht. Die Mehrheit, die Aktien ablehnt, hat in dieser Hinsicht völlig recht, und all diejenigen, die den Menschen hierzulande ein anderes Verhalten nahelegen, müssen sich schon die Frage gefallen lassen, auf welcher Grundlage sie das tun. (Bitte beachten Sie gerade in diesem Zusammenhang die »Anmerkungen eines Analysten« auf der übernächsten Seite.)
Denn noch ein Punkt ist bei der Betrachtung dieser Wertentwicklung – neuhochdeutsch: Performance – wichtig: Diese Zah-

len sind alle ziemlich theoretischer Natur. Mit an Sicherheit grenzender Wahrscheinlichkeit wäre absolut niemand in der Lage gewesen, diese Wertentwicklung der letzten 50 Jahre auch auf seinem Konto zu realisieren.
Den DAX gibt es erst seit 1987, alle Angaben vor diesem Zeitraum fußen auf Rückrechnungen. Beispielsweise muss dafür die Frage beantwortet werden, welche Zusammensetzung der DAX in den Jahren vor 1987 gehabt hätte? Allein das ist schon eine Wissenschaft für sich. Darüber hinaus berücksichtigt diese Rechnung keine Transaktionskosten, also keine Provisionen, keine Courtagen, keine – damals gab es die noch – Börsenumsatzsteuer, keine individuellen Steuern und auch keine Verwaltungsgebühren und Ausgabeaufschläge von Fonds.[25] Die Zahlen sind also eine rechte Milchmädchenrechnung. Obwohl, da bin ich wohl ungerecht: Ein Milchmädchen hat mehr Realitätssinn.
Man muss es einfach so klar und deutlich sagen: Wer aus der durchschnittlichen Jahresrendite des DAX in den letzten 50 Jahren ableitet, dass das eine erreichbare Zielrendite in dieser Zeit für Otto Normalverbraucher gewesen wäre, und wer daraus auch noch die Vorteilhaftigkeit einer Aktienanlage schließt, der glaubt auch an den Weihnachtsmann oder an die Erde als große runde Scheibe.

■ Das ist richtig wichtig

1. Ein Beweis dafür, dass Aktien an sich eine gute Wertanlage sind, kann im Jahr 2010 nicht so leicht geführt werden; ein Beweis der zusätzlichen Nervenbelastung aber ganz sicher.
2. Eine Aktienanlage ist nur mit Timing[26] überhaupt sinnvoll. Für ein gutes Timing ist erhebliches eigenes Wissen oder aber ein richtig guter Ratgeber völlig unabdingbar. Beides findet man nicht an jeder Ecke.

■ Das kann richtig teuer werden

Setzen Sie alles auf Aktien.

Anmerkung eines Analysten

Ende 2010 spricht manches dafür, dass die Aktien im nächsten Jahrzehnt in der Lage sein werden, Ihre Bilanz spürbar aufzupolieren. Schon deshalb ist dieser Abschnitt kein Plädoyer gegen eine Aktienanlage an sich. Sie muss aber vor allem zum richtigen Zeitpunkt erfolgen. Hinweise dazu finden Sie u. a. in den Abschnitten »Gegen den Strom schwimmen« und »Timing ist unmöglich«.

7 Kaufen Sie Aktien der Dividende wegen

Mit dem Irrtum können wir schnell aufräumen. Die Dividende beträgt manchmal nur einen Bruchteil der täglichen Schwankungen einer Aktie. Alle Überlegungen, die diese beim Erwerb einer Aktie in den Mittelpunkt stellen oder sie überhaupt nur berücksichtigen, sind schon allein deshalb in meinen Augen äußerst problematisch – um noch deutlichere Bewertungen zu vermeiden. Wenn ein einziger durchschnittlicher Börsentag genügt, um den Vorteil, den sich ein Aktionär durch die Dividende verspricht, auszulöschen, dann ist meiner Meinung nach eine andere Einschätzung kaum zulässig. Hinzu kommt aber auch, dass Dividendenzahlungen immer geplant (die Sicht des Unternehmens) oder erwartet (die Sicht des Anlegers) sind und niemals als sicher angenommen werden können. Noch unsicherer ist die oft und gern als Kaufargument zitierte Kennzahl der Dividendenrendite. Sie errechnet sich aus der erwarteten Dividende geteilt durch den aktuellen oder manchmal auch den erwarteten Kurs einer Aktie zum Zeitpunkt der Dividendenzahlung. Auch hier in aller Klarheit: Eine größere Luftbuchung kann es gar nicht geben. Wenn eine nicht sichere Zahl durch eine andere noch unsicherere Zahl, den Kurs[27], geteilt wird, dann kann dabei auch nur eine fast willkürliche Momentaufnahme herauskommen. Wer darauf eine Anlageentscheidung aufbaut, der baut, wie die Bibel es formuliert, auf Sand. Nichts, was ich, nichts, was Sie tun sollte(n).

Ein weiterer Hinweis: Schüttet ein Unternehmen seine Dividende und damit eben einen Teil seines Unternehmensgewinns[28] an die Aktionäre aus, dann fällt der Kurs in 8 von 10 Fällen um diesen oder einen vergleichbaren Betrag. Das Unternehmen ist schließlich weniger wert, weil das Geld jetzt bei den Aktionären ist. Alle Berechnungen zur Dividendenrendite gehen nun implizit davon aus, dass eine Aktie diesen sogenannten Dividendenabschlag zumindest nach einer gewissen Zeit wieder aufholt. Sonst wäre es ja ein Nullsummenspiel und die Dividendenrendite immer bei genau null. Sie ahnen es: Auch das ist bestenfalls eine Annahme und gewiss nichts, worauf sich sicher bauen ließe.

■ Das ist richtig wichtig

Die Frage, ob ein Unternehmen eine Dividende zahlt oder nicht und wenn ja, in welcher Höhe, ist ein fast komplett untaugliches Kriterium für die Begründung einer Kauf- oder Verkaufsentscheidung einer Aktie.

■ Das kann richtig teuer werden

Kaufen Sie Aktien dennoch auf Grundlage der zu erwartenden Dividende.

8 Investmentfonds sind eine gute Anlage

Dieses Kapitel widmet sich ausschließlich den »klassischen« Fonds, wie wir sie schon seit Ewigkeiten kennen. Sie sind unbedingt zu unterscheiden von den im nächsten Kapitel besprochenen, erst in den letzten Jahren aufgekommenen »Indexfonds«, oft auch »ETFs«, Exchange Trades Funds, genannt.

In Deutschland sind Tausende dieser »klassischen« Fonds zum Vertrieb zugelassen. Es gibt Aktien-, Renten-, Geldmarkt- und Mischfonds, Immobilen- und Rohstofffonds aller Arten und für jeden Geschmack. Auf jede Gruppe einzeln einzugehen, würde bei Weitem die Möglichkeiten dieses Buches sprengen. Aber das ist in meinen Augen auch gar nicht wirklich nötig. Auch wenn ich unten beispielhaft immer besonders auf Aktienfonds eingehe, so lässt sich das meiste davon im Regelfall auch beispielsweise auf Renten- oder Immobilienfonds übertragen.

Fonds sind eine ziemlich teure und gemessen an ihrer Wertentwicklung oft eine ziemlich enttäuschende Angelegenheit. Sie sind anderer Meinung? Sie denken, dass eine Geldanlage in Fonds an sich eine ganz gute Sache ist? Auf jeden Fall besser, als die Dinge selbst in die Hand zu nehmen? Nun ja – die Überlegung sollte eigentlich so falsch nicht sein. Schließlich werden diese Fonds ja von hoch- bis höchstbezahlten Spezialisten gemanagt. Mehrere Quadratmeter Bildschirmfläche pro Arbeitsplatz, der frühzeitige Zugang zu den geheimsten Informationen, herausragendes Wissen im Umgang mit selbst den wildesten Finanzmarktinstrumenten und deshalb die Möglichkeit, zum richtigen Zeitpunkt zu kaufen oder zu verkaufen, müssen sich doch ganz einfach in der Wertentwicklung des Fonds und damit der Rendite der Anleger niederschlagen. Richtig? Oder? Denkste! Müssen sie ganz und gar nicht! Doch halt. So einfach sind die Dinge auch wieder nicht.

Fakt ist, dass die meisten Fondsmanager bzw. die meisten Managerteams ihr selbst gestecktes Ziel nicht erreichen. Dieses Ziel wird in der internationalen Investmentbankersprache »Benchmark« (Messlatte) genannt. Eine sehr typische Benchmark für einen in deutsche oder zumindest vorwiegend in deutsche Aktien investierenden Fonds ist der DAX. Das Ziel des Managers besteht also darin, Jahr für Jahr oder wenigstens in etwas längeren Perioden den Fonds so zu betreuen, dass er sich besser als der DAX entwickelt. Das macht auch absolut Sinn. Ich glaube nicht, dass es einen besseren Eignungsnachweis für einen Fondsmanager gibt als den, dass sich sein »Baby« besser entwickelt als der Durchschnitt aller Aktien. Aber genau diesen Nachweis bleiben je nach Studie etwa 70 Prozent der Manager schuldig.
Verschlägt es Ihnen genauso die Sprache wie mir, als ich die Zahlen der Studien zu diesem Thema las? Maximal 3 von 10 Anlegern investieren in einen guten Fonds und in einen guten Manager. Das Urteil über eine ganze Branche könnte nicht vernichtender ausfallen. »Nieten in Nadelstreifen« ist dafür fast noch eine beschönigende Verharmlosung. Oder doch nicht?

Jeder Fonds[29] muss im Verlauf eines Jahres nicht unerhebliche Belastungen verkraften. Zunächst einmal ist da die Verwaltungsgebühr (auch Management Fee genannt), die derzeit im Durchschnitt bei Aktienfonds bei etwa 1,5 Prozent angesiedelt werden muss. Dazu kommen Depotbankvergütung, Veröffentlichungskosten und Prüfungskosten sowie, je nachdem, ob das in der Ausgestaltung des Fonds[30] so vorgesehen ist, eine Erfolgsbeteiligung des Managers. Auch das Marketing für den Fonds kann in überschaubarer Größenordnung dem Fonds belastet werden. Diese Kosten müssen seit 2004 von den Fondsgesellschaften zusammengefasst und ausgewiesen werden (Total Expense Ratio, TER; ihr Wert lag 2006 bei durchschnittlich knapp 1,5 Prozent für einen in Deutschland zum Vertrieb zugelassenen Investmentfonds).

Hinzu kommen die nicht in dieser Kennzahl enthaltenen Transaktionskosten des Fonds für den Kauf und Verkauf von Wertpapieren. Weil die schon auch mal ziemlich happig ausfallen können, macht man wohl keinen großen Fehler, wenn man die jährlichen Kosten eines Aktienfonds deshalb in Bereichen um 2,5 Prozent ansiedelt. Geld, das die Fondsmanager erst einmal erwirtschaften müssen, und das, wenn es nicht erwirtschaftet wird, den Fondskurs, genauer: seinen Rücknahmepreis sinken lässt. Für den Fall, dass die Kurse aller im Fonds enthaltenen Wertpapiere zusammen zu zwei Stichtagen (zum Beispiel zum Jahresende) unterm Strich völlig unverändert sind, dann notiert der Rücknahmepreis dennoch diese ca. 2,5 Prozent tiefer als zu Jahresbeginn. Keine angenehme Vorstellung.
Aber es geht weiter: Der Ausgabeaufschlag, also die Differenz zwischen dem höheren Ausgabe- und dem tieferen Rücknahmepreis eines Fonds, ist ebenfalls eine sehr beachtenswerte Größe. Er liegt bei einem typischen Aktienfonds in Deutschland im Regelfall im Bereich von etwa 5 Prozent. Auch die 5 Prozent müssen erst einmal verdient werden. Wer sich also heute einen Fonds zulegt und ihn morgen wieder verkaufen will, der hat schwuppdiwupp selbst bei unveränderten Kursen der im Fonds enthaltenen Wertpapiere 5 Prozent weniger auf dem Konto. Die wahren Kosten eines Aktienfonds im ersten Jahr können also schnell mal bei 7,5 Prozent liegen. 7,5 Prozent, das sind 1,5 Prozentpunkte mehr als die durchschnittliche Jahresrendite des DAX in den letzten 50 Jahren. Statistisch dauert es also mehr als 15 Monate[31], bis der Fonds seine anfänglichen Kosten für den Anleger erwirtschaftet hat. Vorausgesetzt, der Manager gehört zur Minderheit seiner Spezies und macht einen guten Job. Erst danach verdient der Anleger Geld.
Um das Ganze am Beispiel des DAX zu zeigen: Wer bei einem DAX-Kurs von 5000 Punkten einen Aktienfonds kauft, der vor allem in deutsche Standardtitel, eben in DAX-Werte, investiert, für den muss der DAX im ersten Jahr um, über den Daumen ge-

peilt, 375 Punkte[32] steigen, um mit seinem Fonds überhaupt plus/minus null zu sein.

Übrigens (1) trägt der Anleger in jedem Fall das volle Risiko. Die Kosten des Fonds reduzieren sich nicht, nur weil die Rücknahmepreise nicht steigen oder gar fallen. Dies hat nur Einfluss auf die Erfolgsprämie der Manager, sofern eine solche vereinbart wurde.
Übrigens (2) kann der Fondsprospekt vorsehen, dass Erfolgsprämien an die Manager auch dann ausgeschüttet werden, wenn der Fonds im Berichtszeitraum Verluste eingefahren hat. Beispielsweise dann, wenn der Fondskurs weniger gesunken ist als seine Benchmark.
Übrigens (3) ist, wenn das der Fondsprospekt so vorsieht, ein Verlustvortrag nicht unbedingt selbstverständlich. Die Verluste des Vorjahres müssen dann nicht zwingend mit den Gewinnen von heute verrechnet werden, bevor an die Manager Prämien ausgeschüttet werden. Wenn ein Fonds im letzten Jahr zum Beispiel 5 Prozent schlechter als seine Benchmark war, er also um 5 Prozent hinter der Zielrendite zurückblieb, und dann im aktuellen Jahr 3 Prozent über der Benchmark liegt, dann ist das Gesamtergebnis beider Jahre mit minus 2 Prozentpunkten zwar noch immer negativ, der Fondsmanager kann jedoch dennoch – so der Fondsprospekt das so vorsieht; wohlgemerkt: aus dem Fondsvermögen bezahlt (!) – eine Erfolgsprämie bekommen.
Übrigens (4) ist ein Spitzenplatz in den oft und gern ermittelten und gezeigten Ranglisten der einzelnen Fondskategorien alles andere als auch nur eine halbe Erfolgsgarantie. In schöner Regelmäßigkeit zieren die Fonds, die heute noch top waren, morgen schon das untere Ende der diversen Rankings.
Nur Fonds, die über lange Zeiten – meines Erachtens mindestens 5 Jahre lang – und durch viele Marktphasen – steigende, fallende und seitwärts laufende Märkte – hindurch gezeigt haben, dass sie ihren Wettbewerbern voraus sind, nur bei denen besteht so etwas wie eine begründete Erfolgshoffnung.

Übrigens (5) »beraten« die schon einmal erwähnten Wertpapierberater ihre Kunden gern vor allem in hauseigene Fonds hinein. Einfach deswegen, weil sie dazu angehalten werden und sie dafür im Regelfall die höchsten Provisionen erhalten. Gut ist, dass es mittlerweile nicht mehr statthaft ist, durch die »richtige« Präsentation von ausgewählten Kennziffern und Kennlinien aus einer lahmen Ente mit Krückstock doch noch einen halbwegs weißen Schwan zu zaubern. Dem hat die BaFin einen Riegel vorgeschoben und festgelegt, wie eine Beratung zu erfolgen hat und was präsentiert werden muss.

Übrigens (6) gibt es da noch ein ganz entscheidendes Moment. Aber das steht in dem Kapitel, in dem es darum geht, ob wir wirklich alle gleichzeitig – an den Finanzmärkten – glücklich werden können.

Nimmt man das alles zusammen, dann verliert eine Investition in Fonds welcher Art auch immer schnell an Attraktivität und auch ihre schwache Performance erklärt sich ziemlich leicht und schnell.

■ Das ist richtig wichtig

Mit klassischen Fonds wird sehr viel Geld verdient – nur leider nicht notwendigerweise durch die Anleger. Klassische Fonds sind deshalb nicht per se schlecht und verdammenswert. Aber eine Entscheidung für den einen oder anderen muss mit überragenden objektiven, nachvollzieh- und dokumentierbaren Argumenten untermauert werden können. Das beste Argument ist eine dauerhaft gute Wertentwicklung des Fondsmanagers (!) über lange Zeit[33] und durch alle Fährnisse der Märkte hindurch. Das Risiko einer Geldanlage in neu aufgelegte Fonds ist ungleich höher und will noch besser durchdacht sein. Eigentlich darf es nur in außergewöhnlichen Ausnahmesituationen ernsthaft überlegt werden, etwa dann, wenn das Fondsmanagement andernorts schon dokumentierbar Kampferfahrung gesammelt hat. Fragen Sie im Beratungsgespräch nach der TER oder informieren Sie sich vor dem Kauf im Internet über die Kosten »Ihres« Fonds.

■ Das kann richtig teuer werden

Fondshopping. Alle paar Monate aus dem einen raus und in den nächsten Fonds rein. Nichts ist für den Anleger teurer und macht Fondsverkäufer glücklicher. Denken Sie daran, wenn Ihnen vorgeschlagen wird, aus dem einen klassischen Fonds aus- und in einen anderen einzusteigen.

9 Indexfonds sind keine gute Anlage

Indexfonds, oft auch Exchange Traded Funds (ETFs) genannt, haben sich in den letzten Jahren zu einem sehr großen, äußerst vielfältigen Börsensegment entwickelt. Anders als die klassischen Fonds haben sie nicht das Ziel, sich besser als ein Index, als ihre Benchmark, zu entwickeln. Alles, was sie sollen, ist möglichst exakt die Wertentwicklung »ihres« Indexes – das kann der DAX, der Dow Jones, ein europäischer Chemieaktien- oder auch ein Rentenindex etc. sein – nachzubilden. Die ETF-Manager haben keine hehren, sondern sehr überschaubare Ziele und deshalb erreichen sie sie auch zu annähernd 100 Prozent. Sie sind nicht auf der Jagd nach Outperformance, mit der beispielsweise die hohen Kosten eines klassischen Fonds gerechtfertigt werden. Sie verursachen marginale laufende Kosten und ebenso geringe bei Kauf und Verkauf.

Ein Fondskäufer steht also vor der Frage, entweder viel Geld in ein Versprechen zu investieren, das mit einer Wahrscheinlichkeit von etwa 70 Prozent (vgl. Kapitel 8) nicht gehalten werden wird, oder aber von vornherein auf die realistischere, sicherere und weit günstigere Variante zu setzen. In meinen Augen ist das eine leichte Entscheidung, vor die aber viele Anleger nicht einmal gestellt werden. Auch heute noch werden vor allem unwissende, uninformierte, unsichere Anleger nur allzu gern in einen Fonds nach altem Strickmuster, dem aus Kapitel 8, hineinberaten. Aus der Sicht eines Wertpapierverkäufers ist das zwar ebenso verständlich wie aus der Sicht seines Arbeitgebers, ein Anleger wird sich dabei aber genauso verständlich nicht immer wirklich fair behandelt fühlen. Er hat höhere Kosten und bekommt dafür ein Wertpapier mit einer wahrscheinlich geringeren Wertentwicklung.
Sogenannte »Indexzertifikate« sollen übrigens ebenfalls die Wertentwicklung eines Indexes nachbilden. Sie schaffen das auch. Allerdings haben Indexfonds ihnen gegenüber einen wichtigen Vorteil: Sie sind Sondervermögen und würden deshalb von einer Pleite der Fondsgesellschaft völlig unberührt bleiben (mehr dazu im folgenden Kapitel).

■ Das ist richtig wichtig

Indexfonds, ETFs, sind eine mehr als nur überlegenswerte Anlagealternative zu klassischen Fonds und erst recht zu den nachfolgend besprochenen Zertifikaten. Vor allem kombiniert mit einer guten Prognose der künftigen Entwicklung des jeweiligen Indexes sind sie wahrscheinlich derzeit das ideale Investment für Börsenanfänger und Nichtprofis (mehr dazu auf den allerletzten Seiten des Buches – noch nach dem Anhang).

10 Zertifikate sind eine Anlagealternative für jedermann

Irgendwann in der Mitte des ersten Jahrzehnts des neuen Jahrtausends ging es zumindest den Banken hierzulande nicht besonders gut. Die Finanzmärkte hingen in den Seilen, der Margendruck war groß, der Wettbewerb heftig und die meisten Institute darauf beeindruckend schlecht vorbereitet. Oder, um es im Finanzer- und Beraterjargon zu sagen: Sie waren alles andere als gut aufgestellt. Dass alles in den Jahren ab 2007 noch viel schlimmer kommen würde, ahnten die wenigsten oder sie sprachen zumindest nicht darüber.

Zu dieser Zeit interessierte sich eine große Bank für die Arbeit meiner kleinen Firma Staud Research. Wir erstellten damals und tun das auch heute noch Prognosen für die Finanzmärkte. Die Frage »Steigt's?« oder »Fällt's?« ist der alles entscheidende Dreh- und Angelpunkt unserer Arbeit. Das Ansinnen, uns einzuschalten, schätzte ich damals, ohne näher darauf eingehen zu wollen, als sehr verständlich ein. Ein Chefwürfler hätte die Zukunft wahrscheinlich besser antizipiert als das zu diesem Zwecke in besagtem Hause versammelte Analystenteam. Man lud mich also ein, ich folgte der Einladung gern und so landete ich an einem schattigen Novembertag im Zentrum des Wissens der betreffenden Bank.

Vor mir spannte sich ein weiter, bestenfalls zur Hälfte besetzter Raum, mit hohen Decken, großen Fenstern, lichtdurchfluteten Gängen und einer enormen Vielzahl von Bildschirmen. Wenn hier kein Geld zu Hause war, dann wohl nirgendwo auf dieser Welt. Gefühlt überstieg die Zahl der Flatscreens die Zahl der anwesenden Mitarbeiter des Hauses um den Faktor zehn. So richtig festmachen ließ sich das allerdings nicht. Denn hinter welcher Wand von neuzeitlichen Status- und Kompetenzsymbolen sich wirklich ein Mensch verbarg, das war im Vorübergehen nicht immer eindeutig feststellbar.

Wirklich in Erinnerung wäre mir dieser kleine Ausflug durch eine dieser Kathedralen des Investmentbankings nicht geblieben, wenn mein Besichtigungsleiter nicht an einem der eher unscheinbaren lang gezogenen Tische recht unvermittelt stehen geblieben wäre und mir halblaut und mit Verschwörermiene zugeraunt hätte: »Hier wird richtig Geld verdient!«
Ein Satz, der mich aufhören ließ. Das »richtig« war so betont worden, dass ich gar nicht anders konnte, als zu vermuten, dass an diesen Tischen wirklich die Heiligsprechung des Kapitals stattfand. Auf meine in seinen Augen wohl etwas naive Frage, was hier denn geschehe, antwortete mein Gastgeber: »Das sind die Strukis!«
Der Begriff war mir aus der Versicherungswirtschaft bekannt. Strukis, das sind die Klinkenputzer in einem Strukturvertrieb. Wenn der Frischling einen Vertrag abschließt, dann verdienen all diejenigen, die über ihm in der Hierarchie stehen, ein Mehrfaches dessen, was der Mann an der Front bekommt.[34] Aber das konnte nicht gemeint sein. Ich fragte also ein weiteres Mal nach: »Was um alles in der Welt ist ein Struki?«
Die Frage überraschte ihn und die Antwort mich. Es ging um strukturierte Produkte oder, frei übersetzt, um das, was die Lehman-Pleite hierzulande für den einen oder anderen Anleger so schmerzhaft machte: um Zertifikate.
Um diese Zertifikate hat sich, etwa beginnend mit der Jahrtausendwende, eine Industrie mit nicht unerheblichen Umsätzen entwickelt. Es gibt Zertifikate-Magazine, Zertifikate-Börsenbriefe und entsprechende Portale mit Chatforen im Netz, es gibt im Zweifel sogar ziemlich große Abteilungen in praktisch allen großen Investmentbanken und natürlich gibt es eine nahezu unendliche Vielfalt von Zertifikaten.[35] Was mit diesen Zertifikaten alles angestellt werden kann und wofür sie alle stehen, das würde den Rahmen dieses Buches um ein Zigfaches sprengen. Dafür gibt es eigene Literatur.[36]
Nur um eine Vorstellung davon zu geben, was alles möglich ist: Neben den »normalen« Zertifikaten, die beispielsweise im Wert

steigen, wenn die Aktie der Allianz steigt, oder fallen, wenn die Zinsen steigen, gibt es Zertifikate, deren Preis steigt, wenn der für Schweinebäuche fällt. Bei anderen Konstruktionen wird dem Anleger eine Mindestverzinsung seiner Einlage versprochen, solange es zum Beispiel keinen Hurrikan in einer bestimmten Klasse gibt. Oder aber in einer einfacheren Variante wird eine Mindestrendite garantiert, solange beispielsweise eine Aktie nicht unter beziehungsweise über einen bestimmten Preis fällt oder steigt. Geschieht das aber dann doch, greifen die zuvor mit dem Erwerb des Zertifikats vom Anleger akzeptierten Sonderregeln. Sobald diese Regeln greifen, hält man etwas in Händen, was man sich, seinem Herz-Kreislauf-System und der besten Ehefrau von allen unter normalen Bedingungen niemals im Leben angetan hätte – beispielsweise eine Aktie, die sich im senkrechten Sinkflug befindet und keinerlei Anstalten macht, sich eines Besseren zu besinnen.

Besonders beliebt sind sogenannte Bonus- oder Garantiezertifikate und damit so ziemlich genau das, was im letztgenannten Fall beschrieben wurde. Sie wurden und werden massenhaft verkauft und dienen scheinbar den Interessen aller Beteiligten. Die Emittenten, also die Banken, verdienen Geld und der Anleger bekommt etwas, was er schon immer haben wollte: ein Konstrukt, das ihm eine vermeintlich risikofreie Zusatzrendite über dem Zinssatz deutscher Bundesanleihen oder ähnlicher festverzinslicher Papiere verspricht. Eine Zusatzchance ohne Zusatzrisiko gibt es zwar theoretisch für besonders gut informierte Marktteilnehmer an den Finanzmärkten, nicht aber für den ganz normalen durchschnittlichen Anleger. Auf jeden Fall hat jede Zusatzchance ihren Preis.

Ein hier nicht zu nennender Insider gab mir eine sehr einfache Faustregel an die Hand: »Geh mal davon aus, dass jedes verkaufte Zertifikat der Bank über seine Laufzeit eine Rendite um die 10 Prozent einfährt!« Ich gebe ehrlich zu, dass ich damals nicht schlecht gestaunt habe. 10 Prozent auf alles, was »Zertifikat« heißt, das muss ein absolutes Sahnegeschäft sein. Selbst wenn da ein wenig viel Investmentbankerlatein, Halbwissen oder die Lust, eine runde Zahl rauszuhauen, dabei gewesen sein sollte: Viel besser kann es einfach nicht werden. Wer 10 Prozent auf sein eingesetztes Kapital mit der Herausgabe von Zertifikaten verdienen kann, aber wie in den Jahren 2005 bis 2010 nur durchschnittlich knapp 3,5 Prozent mit 10-jährigen Bundesanleihen oder gar noch weniger mit dem klassischen Kreditgeschäft, der wird, ja, der muss aus kaufmännischen Aspekten auf Zertifikate setzen. Aber: Diese 10 Prozent verdient der Käufer dem Emittenten. Aus Käufersicht kann das schon deshalb niemals ein gutes Geschäft sein.

Ein gutes Beispiel dafür ist der sogenannte Bid-Ask-Spread, die Differenz zwischen dem aktuellen An- und Verkaufskurs eines Wertpapiers. Notiert ein Zertifikat etwa gerade mit 0,33 zu 0,34 Euro, dann beträgt dieser Spread zwar nur einen Cent, aber der entspricht 3 Prozent des Kurswertes. Kunden können dieses Zertifikat also zu 34 Cent erwerben und mit 33 Cents verkaufen. Tun sie das, dann verdient die Bank pro 100 000 ge- und wieder verkauften Zertifikaten 1000 Euro.

Das Geldverdienen der Emittenten mit Zertifikaten funktioniert aber auch deshalb so gut, weil kaum einer wirklich die hinter diesen Konstrukten stehende Finanzmathematik versteht bzw. verstehen kann. Dafür braucht es manchmal mehr als einen Leistungskurs in Mathematik.

Um noch auf einen anderen nicht unproblematischen rechtlichen Aspekt einzugehen: Zertifikate sind Schuldverschreibungen. Wer sich im Besitz einer solchen weiß, der wird mit einiger Sicherheit im Fall der Pleite des Emittenten, im Regelfall also der Bank, die die Zertifikate begibt, besichert und handelt, nachrangig bedient und deshalb erhebliche Verluste einfahren oder komplett leer ausgehen. Man kann sich gut vorstellen, dass eine Pleite keine Pleite wäre, wenn die Auszahlung der Schuldverschreibungen noch im vollen Umfang möglich wäre. Damit darf keiner rechnen. Bis vor wenigen Jahren war eine solche Pleite

ein mehr oder weniger rein theoretischer Sonderfall ohne echten Realitätsbezug. Aber seit Lehman sollte jeder Anleger wissen, dass alles anders ist. Alles.
Mit jeder Form von Zertifikaten oder neuhochdeutsch »strukturierten Produkten« verpacken deren Konstrukteure Risiken aller Art in vermarktungsfähige Produkte und die Erwerber zahlen dafür eine stattliche Gage in Form von Provisionen, Bid-Ask-Spreads u. Ä. Es kommt daher wohl nicht von ungefähr, dass mit den meisten Zertifikaten die meisten Anleger in den letzten Jahren meistens nicht richtig glücklich geworden sind. Nicht wenige Erwerber hatten nicht den Hauch einer Ahnung, was sie da wirklich in Händen hielten, und zumindest oft genug hielt sich die Bereitschaft vieler Berufener, hier Abhilfe zu schaffen, in überschaubaren Grenzen.
Wer nicht ein ausgewiesener Zocker ist und/oder sehr genau weiß, was er tut, wenn er ein Zertifikat erwirbt, der ist gut beraten, die Finger davonzulassen. Diese Papiere werden im Regelfall keinen guten oder gar entscheidenden Beitrag zur Vermögensbildung oder -mehrung leisten können.

■ Das ist richtig wichtig

Halten Sie sich von Zertifikaten aller Art fern. Auch wenn es sinnvolle Konstruktionen gibt: Zertifikate sind gerade für Finanzmarktanfänger und Nichtprofis entweder zu komplex, zu risikoreich oder aber schlicht zu teuer.

■ Das kann richtig teuer werden

Legen Sie sich irgendein komplexes Zertifikat zu, bei dessen Erläuterung schon Ihr Wertpapierberater v/c Wertpapierverkäufer ins Stottern gerät.

11 Mit Optionen, Optionsscheinen, CFDs, Futures etc. ins Glück

Eine Option bezeichnet das Recht, zum Beispiel eine Aktie zu einem späteren Zeitpunkt zu einem vereinbarten Preis zu kaufen oder zu verkaufen. Es handelt sich ausdrücklich um ein Recht und um keine Pflicht, das heißt, der Optionsinhaber entscheidet, ob er die Option wahrnimmt oder diese verfallen lässt. Ein Optionsschein ist im Großen und Ganze das Gleiche. Ein Differenzkontrakt, Contract for Difference (CFD), ist eine Laufzeit-unabhängige Vereinbarung über einen Barausgleich, der sich aus der Differenz zwischen dem Kauf- und Verkaufspreis eines Finanzinstruments ergibt. Er reflektiert damit die Kursentwicklung des zugrunde liegenden Basiswertes, ohne dass dieser erworben werden muss. Ein CFD ist damit letztlich ein etwas gezähmter, leichter handelbarer Future.

Ein Future ist ein verbindlicher Vertrag zwischen zwei Parteien. Ein solcher Vertrag ist charakterisiert durch die verpflichtende Lieferung (für den Verkäufer) bzw. Abnahme (für den Käufer) eines genau bestimmten Basiswertes, in einer festgelegten Menge zu einem vorher vereinbarten Zeitpunkt in der Zukunft und zu einem konkreten, bereits bei Vertragsabschluss festgesetzten Preis. Beide Vertragspartner müssen eine Vorschusszahlung leisten. Sie dient als Sicherheit und wird »Initial Margin« genannt. Diese Vorschusszahlung beträgt nur einen Bruchteil des Kontraktwertes. Diesem Marginkonto werden täglich in Abhängigkeit von der Entwicklung des Basiswertes dessen Kursgewinne gutgeschrieben oder dessen Kursverluste belastet.

Angesichts dieser einleitenden, nicht vollständigen Definitionen[37] ist es bestimmt verständlich, warum ich den allermeisten Anlegern und solchen, die es noch werden wollen, dringend davon abrate, mit diesen Finanzmarktinstrumenten Geld verdienen zu wollen. Der einfache Grund: Sie sind im Regelfall hochspekulativ und allerbestenfalls 10 von 100 Anlegern, die sich daran versuchen, schaffen es auch, mit diesen Instrumenten dauerhaft glücklich zu werden. Der Rest bezahlt den Ausflug in eine exotische, schöne, aber meistens eben auch fürchterlich gnadenlose Welt mit seinem Vermögen, mit seiner Gesundheit und manchmal auch mit beidem. Wer sich nicht extrem gut an den Finanzmärkten auskennt, wer nicht wenigstens, nach meinem Dafürhalten, 10 Jahre lang sehr gute Erfahrungen an den Finanzmärkten zum Beispiel mit seinem Timing bei Aktien und Anleihen gemacht hat, der DARF sich auf das Spiel an den Terminbörsen auf gar keinen Fall einlassen. Wer das doch tun will, der muss sich darauf professionell und über sehr lange Zeit extrem gut vorbereiten. Sonst wird sein Vermögen dahinschmelzen wie Butter in der Sonne, Eis im Backofen oder Wieland Staud vor Sandra Bullock.

■ Das kann richtig teuer werden

Tun Sie das Gegenteil von dem, was in diesem Abschnitt steht.

12 Hitlisten sind Gütesiegel

Jeder kennt sie: die Hitlisten, Rankings und Gütesiegel zu absolut allem, was unser Leben in der modernen Zivilisation ausmacht. Von Versicherungen und Fonds aller Art über Unterhaltungs- und Kommunikationselektronik, Nahrungsmittel, Autos bis hin zu solchen Dingen wie Anti-Aging-Cremes und Kondomen war und ist ständig alles unter wertender Beobachtung. Die Ergebnisse werden dann meistens sortiert präsentiert und, ohne dass es notwendigerweise dabei stehen muss, versteht jeder, dass die Nr. 1 einer Hitliste weit mehr empfehlenswert ist als die Position 10 oder 30. Aber die Dinge haben Haken.

Auch wenn das Hitlisten gerne implizieren: Die Nr.-1-Scheibe der deutschen Albumscharts oder die Nr. 1 der deutschen Downloadcharts repräsentiert sicherlich nicht die Musikstücke, die in Deutschland die meisten oder auch nur eine relative Mehrheit von Hörern gerade toll finden oder auch nur gerne hören. Die Charts sagen einfach nur, mit welcher Musik gerade die größten Umsätze zu erzielen waren, und mehr eben nicht. Die weite Mehrheit gibt so gut wie kein Geld für CDs und Downloads aus, für Letzteres vor allem kaum Menschen jenseits der 50, und deshalb wird deren Musikgeschmack durch die Albumcharts nur bedingt abgedeckt.

Auch Fondsrankings gibt es mittlerweile in großer Zahl und fast überall. Print- und Online-Medien veröffentlichen sie periodisch und da kann es schon eine kleine Kunst sein, aus dieser Datenflut die wirklich relevanten Informationen für die eigene Anlageentscheidung herauszulesen. Je nachdem, welche Kriterien angelegt werden, zieren die Spitzen der Rankings die unterschiedlichsten Fonds, und nicht immer werden unterschiedliche Untersuchungen zum gleichen Ergebnis kommen. Fonds gibt es wie Sand am Meer und da ist es schon eine Frage an sich, welche überhaupt berücksichtigt werden. Dann gilt es noch, die unterschiedlichen Typen von Fonds den unterschiedlichen Prüfungsklassen zuzuordnen, die korrekten vergleichenden Kriterien zu finden usw. Sie sehen schon, es nicht so einfach, wie die Rankings das gern implizieren. Aber genau deshalb kann und muss man es sich einfach machen – denn genau das führt zu den besten Ergebnissen.

■ Das ist richtig wichtig

Hitlisten an sich sind noch lange keine objektiven Gütesiegel, denen man blind vertrauen könnte. Das suggerieren sie bestenfalls. Was wirklich zählt, ist einzig und allein die durchschnittliche Wertentwicklung eines Fonds oder auch einer Kapitallebensversicherung in einem möglichst langen Beobachtungszeitraum. Ich wiederhole mich hier gerne: Alles unter 5 Jahren darf in diesem Kontext nicht entscheidungsrelevant sein. Rankings, die sich mit Fondsergebnissen im Zeitraum eines einzigen Jahres befassen, sind bestenfalls ganz nett. Sie sagen über die Fähigkeiten der Fondsmanager so gut wie nichts aus, sondern nur, wie gut oder wie schlecht ihre Anlagestrategie in dem betrachteten Jahr funktioniert hat. Nicht selten zieren die ersten im aktuellen Jahresvergleich schnell die hinteren Rangplätze, sobald die vorangegangenen Jahre in die Betrachtung mit einbezogen werden.
Manchmal wird auch noch ein Risikomaß mit angeführt. Damit soll dann beurteilt werden, ob ein Wertpapier seine Rendite unter großen Schwankungen erzielt hat oder ob es relativ stetig ans Ziel gelangt ist. Zu bevorzugen sind dann immer die Anbieter, die mit geringerem eingegangenen Risiko die gleiche oder sogar eine bessere Rendite erzielt haben.

■ Das kann richtig teuer werden

Die Geldanlage in Fonds, die ausschließlich in einem sehr kurzen Betrachtungszeitraum von zum Beispiel 12 Monaten die Spitzen der Rankings zieren.

13 Risikobegrenzung ist unnötig

Wer im Sommer 1998 in den DAX (4000 Punkte) investierte, der war im Frühling 2000 König (8000 Punkte; +100 Prozent)[38], im März 2003 Bettler (2500 Punkte; –70 Prozent), Mitte 2007 wieder König (8000 Punkte; +300 Prozent) und dann im Frühling 2009 wieder dort angekommen, wo alles begann (4000 Punkte; –50 Prozent). Auch wenn der DAX sich Anfang 2011 wieder in Bereichen um 7000 Punkte (+3000 Punkte, +75 Prozent) bewegt: Sollte sich der DAX nicht binnen Kürze eines Besseren belehren lassen, dann wird wahrscheinlich auch das eine vorübergehende angenehme Momentaufnahme bleiben.
Wer zum Jahreswechsel 1997/98 in Aktien der Deutschen Telekom (20 Euro) investierte, der war Anfang 2000 Kaiser (100 Euro; +500 Prozent) und ist seit Mitte 2002 Bettler (15 Euro; –85 Prozent). Und wer sich in den Jahren 2003/04 Stammaktien von VW (40 Euro) zulegte, der wusste wohl im Oktober 2008 (1000 Euro; +2500 Prozent) vor Glück weder ein noch aus. Anderthalb Jahre später konnte ihm geholfen werden (60 Euro; –95 Prozent).
Aber das war kein rein deutsches oder europäisches Phänomen. Wer im Sommer 1998 beispielsweise in den wohl bekanntesten Aktienindex der Welt überhaupt, den amerikanischen Dow Jones Industrial Average, kurz: »Der Dow«, investierte (7500 Punkte), dem wurde spätestens Anfang 2000 richtig warm ums Herz (11 700 Punkte), der fand wohl im März 2003 kaum noch Worte für sein Elend (7200 Punkte). Mitte 2007 war er dann wieder obenauf (14 200 Punkte), im März 2009 wieder ungefähr dort angekommen, wo 11 Jahre zuvor alles begonnen hatte (6500 Punkte), und keine 20 Monate später war für einen Aktionär an der Wall Street die Welt wieder ziemlich in Ordnung (11 500 Punkte).
Mit Sätzen dieser Art ließen sich locker die nächsten 100 Seiten gestalten. Damit würde zwar der Unterhaltungswert dieses Bu-

ches wohl in den Bereich des absoluten Nullpunktes absinken – aber ein ganz ordentliches Geschichtsbuch wäre es damit noch immer: Denn genau so trugen sich die Dinge zu. Da ist nicht nur »außer Spesen nichts gewesen«, sondern wenigstens ein paar Dutzend Menschen haben diese Achterbahnfahrten der Sonderklasse gepaart mit ihrer Nibelungentreue zu ihren Aktien wohl das Leben gekostet, bestimmt Zehntausende die Gesundheit und Hunderttausende wenigstens wesentliche Teile ihres Vermögens.

Besonders dramatisch ist der an sich nicht ganz so spektakuläre Fall der Aktien der Deutschen Telekom. Sie sollten aus uns Bundesbürgern ein Volk von glücklichen Aktionären machen, dürfen aber stattdessen seit geraumer Zeit den zweifelhaften Ruhm in Anspruch nehmen, daran nicht nur grandios gescheitert zu sein, sondern auch noch exakt das Gegenteil erreicht zu haben. Niemals zuvor in der deutschen Geschichte hatten so viele Deutsche ein Wertpapierdepot, niemals zuvor war darin eine einzige Aktie so stark vertreten, niemals hat ein einziger Wert so viele so maßlos enttäuscht und niemals zuvor haben sich genau deshalb so viele so schnell wieder von der Börse abgewandt.

Dabei wäre alles so einfach gewesen: Ein einfaches Stoploss[39] hätte wenigstens die großen Probleme gar nicht entstehen lassen. Ein Stoploss ist nichts anderes als eine Versicherung. Sollten sich die Dinge nicht im erwarteten Sinne entwickeln, eine Aktie nicht steigen, sondern im Kurs fallen, dann wird der betroffene Wert sofort auf diesem Niveau verkauft. Rein technisch betrachtet ist dieses Stoploss nichts anderes als eine Verkaufsorder, mit der Zusatzbedingung, dass ein bestimmter Kurs unterschritten worden ist. Jeder Online-Broker bietet mittlerweile die Option an, eine solche Order einzugeben, und auch jeder »Berater« wird eine solche Order entgegennehmen. Anzugeben ist jeweils die Zeit, für die diese Versicherung für unerwartete Kursrückschläge gültig sein soll, und das Niveau, auf dem die Aktie verkauft werden soll. Fällt eine Aktie beispielsweise von

100 auf das Niveau der Stoploss-Order von 80, dann wird sie unmittelbar verkauft.
In halbwegs normalen Börsenzeiten, in denen sich die Schwankungen in überschaubarem Rahmen halten und nicht ganz so fuchsteufelswild sind wie in den Wochen nach der Lehman-Pleite, empfiehlt sich ein Stoploss von etwa 20 Prozent. Im schlechtesten Fall wird dann »Ihre« Aktie 20 Prozent unter Ihrem Einstiegskurs verkauft und in einem guten Fall zum Beispiel mit 200, nachdem sie zuvor einen Kurs von 250 in Ihrem Depot erreicht hatte.
Eine tragende Erkenntnis ist für die Begründung von Stops – im Börsianerdeutsch die Kurzform für eine Stoploss-Order – noch richtig wichtig: Die Wahrscheinlichkeit, dass eine Aktie, die schon um 20 Prozent gefallen ist, ihren Verfall nicht stoppen, sondern weiter fallen wird, ist zu nahezu allen Zeiten deutlich höher als die Wahrscheinlichkeit für eine abrupte Trendwende zum Besseren. Es macht deshalb praktisch immer Sinn, an steigenden Wertpapieren festzuhalten und sich von fallenden zu trennen. Nicht umgekehrt! Doch mehr dazu im Kapitel »Gegen den Strom schwimmen«.
Wer also eine Aktie bei 100 kauft und sie bei 80 mit einem Verlust von 20 Prozent nicht sofort wieder verkauft, der macht einfach einen Fehler. Die Aktie sollte doch steigen – und nicht fallen. Oder? Und wenn ein Wert bei 100 gekauft wurde, der dann auch wie erwartet nach 250 steigt, sich danach aber wieder auf den Rückweg macht, dann sollte etwa ein Wert von 200 das Maß aller Dinge sein. Unter diesem Niveau hat die Aktie dann im Depot nichts mehr zu suchen. Wenn ein Wert im Depot um mehr als 20 Prozent vom rechten Weg abweicht, dann hat man erstens einfach mit Zitronen gehandelt, muss das zweitens schleunigst anerkennen und kann sich dann aber auch drittens wieder mit frischem Mut auf etwas Neues einlassen. Das ist wie im richtigen Leben. Oder beantworten Sie einen rüden Vertrauensmissbrauch mit fortgesetzter Zuneigung?

Das ist richtig wichtig

Wer sich an den Finanzmärkten mit was auch immer engagiert, der muss grundsätzlich, immer, überall und für alles ein Stoploss definieren und die Bereitschaft mitbringen, dieses auch gnadenlos umzusetzen.

Das kann richtig teuer werden

Ein Leben oder auch nur ein Engagement an den Finanzmärkten ohne Stoploss. Das eine kann ein sehr kurzes und das andere ein sehr teures werden.

14 Mit Verlust wird nicht verkauft

Kurz und schmerzvoll: Wenn Sie so richtig etwas falsch machen wollen, dann erklären Sie jede Geldanlage für unverkäuflich, die aktuell unterhalb Ihres Gestehungskurses notiert. Das verschafft Ihnen zwar das gute Gefühl, nichts falsch gemacht zu haben, auch wenn es sich vielleicht erst nach ein paar Jahren einstellt und Sie das eine oder andere ausstehende »gute Gefühl« an Ihre Enkel vererben werden. »Kohle« machen werden Sie mit dieser Strategie aber garantiert nicht. Wer sich in den Finanzmärkten engagiert, der wird Fehler machen – müssen. Es geht nicht anders. Die Zukunft wird immer unbekannt und Prognosen deshalb wenig mehr als eine Abwägung von Wahrscheinlichkeiten sein können. Alles an den Finanzmärkten muss deshalb darauf ausgerichtet sein, Fehler zu akzeptieren und Strategien dafür zu entwickeln, ihren Schaden möglichst klein zu halten. Wenn Sie etwas kaufen, dann kaufen Sie das doch in der Erwartung, dass das Papier steigen wird. Tut es das nicht, dann stimmte offensichtlich Ihre Einschätzung nicht und dann tut man sehr gut daran, diesen Fehler lieber früher als später zu korrigieren.[40] Die Frage, ob diese Position gerade unterhalb des Kaufpreises in ihrem Depot herumdümpelt, stellt sich nicht, sie ist dafür absolut nachrangig. Lieber ein Ende mit Schmerzen als Schmerzen ohne Ende.

■ **Das ist richtig wichtig**

Verlustpositionen dürfen nicht sakrosankt sein. Sie stehen im Gegenteil als Erstes zur Disposition.

15 Die Meinung der Mehrheit ist richtig

Wir hier im gesegneten Mitteleuropa leben in einer vergleichsweise (!) ziemlich gut funktionierenden Demokratie. Wer auch nur einen Moment darüber nachdenkt oder historische Erfahrungen mit anderen Staats- oder Herrschaftsformen Revue passieren lässt, der wird schnell zu dem Ergebnis kommen, dass es ein sehr glücklicher Umstand ist, dass hierzulande die Mehrheit das Maß aller Dinge ist. Diejenigen, die am Wahltag die Mehrheit der Abstimmenden[41] repräsentieren, entscheiden über das weitere Schicksal aller bis zum nächsten Wahltag beziehungsweise bis zur Konstitution des neuen Parlaments. Nicht die Partei hat immer recht, nicht ein Diktator oder Usurpator, kein Monarch und schon gar nicht irgendeine Minderheit – sondern die Mehrheit. Auch wenn das zweifelsohne die Gefahr in sich birgt, dass wir es mit Populisten zu tun bekommen, so ist das Mehrheitsprinzip wohlbegründet doch noch immer die beste Option. Wir vertrauen oder besser hoffen darauf – auch wenn

das nicht unbedingt das Kernargument für eine Demokratie ist –, dass die Mehrheit bei der Wahl eine gute Entscheidung trifft, und damit implizit auch, dass die Wahl der Minderheit die schlechtere Alternative gewesen wäre.
Es mag eine irritierende Erkenntnis sein, aber an den Finanzmärkten ist das anders. Ganz anders. Wer sich dort an die Meinung der Mehrheit hält, der ist in den meisten Fällen vor allem dreierlei – verraten, verloren und verkauft. So wenig begründbar es zunächst auch zu sein scheint: Die Meinung der Mehrheit ist meistens falsch.[42] Wenn nur noch Optimisten die Szene beherrschen, dann wird es Zeit, sehr ernsthaft darüber nachzudenken, zum Beispiel seine Aktien zu verkaufen und den Börsen wenigstens fürs Erste den Rücken zu kehren. Wenn dagegen der Untergang der Welt nahe zu sein scheint und sich genau das auch in den Meinungen der Analysten, Kommentatoren und Investoren niederschlägt, dann ist meistens die Gefahr vorüber und die Zeit für Neuengagements gekommen.
Ich weiß, dass Sie diesen Ratschlag in jedem drittklassigen Dreigroschenroman lesen und wenigstens in der einen oder anderen Soap hören können, wenn einer der Protagonisten, meistens ein Mann, versucht, sein Gegenüber, meistens eine Frau, mit irgendwelchem intellektuellen Pseudogeblubber von sich und seinen Börsenkenntnissen zu überzeugen. Der entscheidende Unterschied zum vorangegangenen Abschnitt: »Kaufen, wenn die Kanonen donnern«, ist ein geradezu perfekter Geldvernichtungsratschlag, wenn man ihn nicht unter dem Gesichtspunkt der Trendfrage sieht. Kanonendonner ist nur dann ein Kaufargument, wenn die Kurse dann nicht mehr fallen. Nur dann! Ob die Kurse nicht mehr fallen (werden), das ermitteln Sie am besten mit einem kurzen Blick auf den Chart, mithilfe der nachfolgenden Kapitel über die vermeintlich zufälligen Kursentwicklungen an den Finanzmärkten und das Schwimmen gegen den Strom oder mithilfe von – nachgewiesenermaßen – kampferprobten Börsenratgebern.

Übrigens: Nahezu alle Empfehlungen, die gerade in den letzten 10 Jahren mit besonderem Nachdruck besprochen wurden, kamen mehr oder weniger samt und sonders zur absoluten Unzeit. Internetaktien und vor allem die entsprechenden Fonds dazu wurden empfohlen, als der Hype so gut wie vorbei war, für Wind- und Solaraktien gilt das Gleiche. Auch die meisten Immobilienkaufempfehlungen gab es im mittel- oder unmittelbaren Vorfeld der die Finanzkrise auslösenden Immobilienkrise. Der gefühlte Höhepunkt dieser wenig berauschenden Leistungen waren für mich dann die Empfehlungen von Bankaktien im unmittelbaren Vorfeld der Finanzkrise. Deshalb: Meiden Sie den Hype!

Das größte Problem dabei sind wir Anleger selbst: Meiden, was alle empfehlen, und kaufen, wenn alle davon abraten, das können nur ganz wenige. Die Party dann zu verlassen, wenn sie am allerschönsten ist, das schafft nur eine kleine Minderheit. Aber nur deshalb funktioniert Börse überhaupt: Wenn alle gleichzeitig die gleiche richtige Erkenntnis hätten, dann käme kein Handel mehr zustande. Denn dann gäbe es zu einem Zeitpunkt nur noch Käufer oder nur noch Verkäufer. Börse würde zu einer Sprungfunktion, die nur noch zwei Zustände kennt: oben oder unten. Auch wenn es bitter ist, Börse lebt von der Vielfalt der Meinungen und Prognosen und davon, dass die Mehrheitsmeinung selten richtig ist. Das heißt also auch: Die Mehrheit der Analysten liegt mit ihrer Meinung meistens falsch. Eine absolut ernüchternde Erkenntnis, die so manch einen zum Zyniker und/oder Fatalisten hat werden lassen.

■ Das ist richtig wichtig

Wenn's um die Börse geht, dann ist die *Meinung* der Mehrheit meistens falsch. Wer Erfolg haben, wer also an der Börse

Geld verdienen will, der muss bereit und in der Lage sein, das Gegenteil von dem zu tun, was gerade in Diskussionen und Foren mehrheitsfähig ist. Der muss das tun, was die Mehrheit *tut* – und nicht das, was sie sagt oder denkt. Alles andere ist in den allermeisten Fällen zum Scheitern verurteilt.

16 Timing ist unmöglich & Kurse sind zufällig und schicksalhaft

Wer kennt jenen berühmten Satz nicht: »Wer zu spät kommt, den bestraft das Leben!« Auch wenn es nicht belegbar ist, dass Gorbatschow diesen Satz jemals in dieser Form gesagt hat, sondern bestenfalls etwas, was im weitesten Sinn genau so interpretierbar ist,[43] so wird wohl niemand ernsthaft bestreiten können oder gar wollen, dass dieser Satz geronnene Wahrheit ist. Unsere Mütter und Großväter lehrten uns das Gleiche: »Wer nicht kommt zur rechten Zeit, der muss sehn, was übrig bleibt.« Jeder Mensch auf diesem Planten hat eine sehr klare Vorstellung davon, was in diesem Satz alles an Lebensweisheit drinsteckt.
Nichts ist wichtiger in diesem Leben, als zur richtigen Zeit das Richtige zu tun. Eine Formulierung, die da lautet: »zur falschen Zeit das Richtige tun«, hat bislang wenigstens in unsere Sprache keinen Einzug gehalten. Denn wer das Richtige zur falschen Zeit tut, der tut unweigerlich das Falsche.
Auch an den Finanzmärkten und generell bei allen finanziellen Dingen kommt es unbedingt darauf an, das Richtige zur richtigen Zeit zu tun. Vielleicht sogar mehr als in allen anderen Lebensbereichen. Wer kauft, wenn die Kurse gerade anfangen, dauerhaft zu steigen, der ist König. Wer Gleiches tut, kurz bevor die Märkte haltlos in sich zusammenbrechen, der ist nicht nur

zu spät, sondern auch arm dran und, wenn sich noch ein wenig Pech hinzugesellt, ein Bettelmann. Timing ist absolut immer und überall unverzichtbar.

Nun wird von Zeit zu Zeit, meistens dann, wenn die Aktienkurse mal wieder in den Keller stürzen oder bereits gestürzt sind, oder dann, wenn irgendwelche anderen angeblich völlig unerklärlichen und nicht antizipierbaren Momente geschehen sind, behauptet, dass Timing, der Kauf und Verkauf eines Wertpapiers zur rechten Zeit, erstens unmöglich und zweitens auch gar nicht nötig sei. Was dann folgt, ist oft eine pseudoakademische Abhandlung zum Beispiel über Diversifikation. Gestatten Sie mir die klare Wortwahl: Eine solche Sichtweise ist wenig gescheit, alles andere als ein Kompliment für ihre Vertreter und zeugt vor allem von einem: einem ordentlich gerüttelten Maß an Kompetenzfreiheit.

Ich habe in meinem Berufsleben wenig mehr gemacht, als die Richtung der Finanzmärkte, egal ob Rohstoffe, Aktien, Anleihen oder Währungen, vorherzusagen, und damit nichts anderes getan, als die Frage zu beantworten: »Wann ist was zu tun?« Meine Mitarbeiter und ich haben den Absturz der Aktien im Jahr 2008 und die darauffolgende Erholung ab dem März 2009 fast auf den Tag und den Punkt genau vorhergesagt und wir haben in den Jahren 2000 bis 2003, den Jahren der großen abendländischen Aktienbaisse, zumindest eine ziemlich gute Figur gemacht. Wir hatten den Anstieg des Euro seit seiner Einführung wenigstens zu weiten Teilen prognostiziert und zum Beispiel auch seinen Einbruch in Jahr 2010. Gleiches gilt für die Rohstoffhausse – Öl! – in den Jahren 2007 und 2008 und den nachfolgenden Einbruch, aber eben auch für den nicht enden wollenden Kursanstieg von Gold von rund 300 auf etwa 1400 Dollar bis Ende 2010. Und wer sich an den Prognosen meiner Firma, der Staud Research GmbH, orientiert hat, den kann der Rückgang der deutschen langfristigen Zinsen bis auf historisch völlig einmalige rund 2 Prozent[44] auch nicht so ganz auf dem falschen Fuß erwischt haben.[45]

Keine Frage, den letzten Absatz habe ich schon mit ein wenig Stolz geschrieben. Es soll aber auf keinen Fall eine Art Selbstbeweihräucherung sein, sondern vor allem an Beispielen aufzeigen, dass eine Markteinschätzung, dass also Timing, manchmal sogar mit vergleichsweise einfachen und leicht erlernbaren Hilfsmitteln, gut möglich ist. Dazu braucht es ein wenig Wissen und ein wenig Lernbereitschaft.
Wertpapierkurse sind mitnichten schicksalhaft und Anleger sind ihnen ebenfalls nicht hilflos ausgeliefert. Wer ein paar einfache Grundregeln anwendet, für den verlieren diese vermeintlich rein zufälligen, stochastischen Bewegungen viel, wenn nicht sogar all ihren Schrecken. Doch mehr dazu im folgenden Abschnitt über das Schwimmen gegen den Strom.

■ **Das ist richtig wichtig**

Timing ist möglich und erlernbar. Kurse sind meistens und zumindest dann, wenn man längere Zeiträume betrachtet, keine Zufallsereignisse.

17 Gegen den Strom schwimmen

Allein die Überschrift weckt vermutlich bei den allermeisten Lesern reichlich positive Assoziationen. Wer gegen den Strom schwimmt, der ist eben nicht Teil der breiten grauen Masse, sondern der geht seinen eigenen Weg, der ist ein gestandener Kerl oder eine ebensolche Frau. Gegen den Strom zu schwimmen, erscheint uns allen als erstrebenswert und wird uns schon deshalb meistens von Kindesbeinen an beigebracht. Gern zitiert wird in diesem Zusammenhang auch der Zug der Lemminge.

Irgendein nur bedingt orientierter läuft voraus und die anderen folgen ihm bergauf und bergab bis zu einer Klippe, von der aus dann alle miteinander völlig willenlos und schön der Reihe nach in ihr höchstpersönliches Finale aus dieser Welt springen. Spätestens die letzten müssten die ersten schon zerschmettert im Abgrund liegen sehen – aber sie verändern ihr Verhalten nicht. Sich gegen den Strom zu stemmen, wäre in einer solchen Situation zweifelsohne klug und vor allem lebensrettend.
Die mit weitem Abstand wichtigste Regel der Börse ist jedoch eine andere: Es ist in allerhöchstem Maße unklug, irgendetwas anderes als die Mehrheit zu tun. Der vermeintliche Widerspruch zum Kapitel »Die Meinung der Mehrheit ist richtig« ist keiner. In diesem Abschnitt geht es um das, was die Mehrheit »tut«, dort um das, was die Mehrheit »denkt«. Das ganz normale Leben lehrt, dass der Unterschied ein sehr großer sein kann. Kurse steigen deshalb, weil auf dem jeweilig aktuellen Niveau mehr Kauf- als Verkaufsgebote für eine Aktie oder Ähnliches vorliegen und es deshalb erst auf einem höheren Kurs zu einem Marktausgleich kommen kann. Für den Fall von fallenden Kursen gilt die Umkehrung: Dann gibt es für das aktuelle Kursniveau mehr Verkaufs- als Kaufgebote und deshalb kommt es erst bei tieferen Kursen zu einem Marktausgleich. Die Kurse tun das, was die Mehrheit tut. Nur deshalb zu verkaufen beziehungsweise zu kaufen, weil die Mehrheit gerade kauft beziehungsweise verkauft, ist der schnellste und, nebenbei gesagt, auch der einfachste Weg in den finanziellen Ruin. Sosehr sich das eigene Ego wünscht, nicht bei der Masse zu sein, sosehr muss es bekämpft werden. Alles andere ist ausschließlich eines: Geldvernichtung in ihrer reinsten Form!
Um ein paar besonders krasse Beispiele zu geben[46]: Im Jahr 2008 fiel der europäische Bankenindex binnen 22 Monaten von 492 auf 84 Punkte und damit um sage und schreibe 83 Prozent. Der Kurs der Deutschen Bank fiel vom 14. Mai 2007 bis zum 21. Januar 2009 von 108,13 Euro auf 14,05 Euro und damit um unglaubliche 87 Prozent. Wer auch nur nach der Hälfte dieses

Weges »dabei« war, weil er sich einfach nicht vorstellen konnte, dass die Kurse noch tiefer fallen würden, oder weil er glaubte, etwas, vor allem den unteren Wendepunkt zu verpassen, der hat sich, seinem Depot und seinem Geld den größtmöglichen Bärendienst überhaupt erwiesen. Und das übrigens im Wortsinne: Der »Bär« ist an der Börse das Wappentier der fallenden Kurse, ebenso wie der »Bulle« für dauerhaft steigende Kurse steht.

Deutsche Bank 2007–2009

Beispielhafte Entwicklungen für die genau entgegengesetzte Richtung sind die Aktie von Apple in der zweiten Steve-Jobs-Ära, aber auch das schwarze Gold. Die Aktie der iPhones, iTunes, iPods und Macs stieg in den Jahren 2003 bis 2010 von 6,36 Dollar auf mehr als 320 Dollar und verfünfzigfachte sich damit. Öl stieg von 1999 bis 2008 von rund 9 auf gut 145 Dollar und verfünfzehnfachte seinen Wert. Der vielleicht wichtigste Rohstoff dieser Welt stieg binnen nicht einmal eines Jahrzehnts um 1500 Prozent in einem einzigen mehr oder weniger ziemlich stetigen Trend. Wer sich in den genannten Zeiträumen gegen die Mehrheit stemmte und Öl wie auch Apple verkaufte, der fühlte sich wohl nicht nur einmal in den Allerwertesten gekniffen. Niemals gegen den Trend. Kein

Kauf, wenn die Kurse gerade fallen, und kein Verkauf, wenn die Kurse gerade steigen. Das machen nur Amateure.

Apple 2003–2010

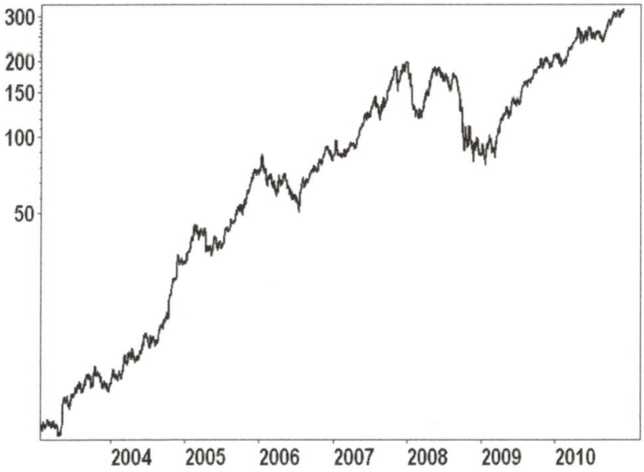

Anmerkung: Irgendwann geht auch der längste Trend zu Ende und eine Trendwende folgt. Aber das ist kein Irrtum – und wird deshalb hier auch aus Platzgründen nicht besprochen.[47]

Was das Handeln mit dem Trend so schwierig macht, ist erstens unsere Intuition, wir können sie auch den »inneren Schweinehund« nennen, und zweitens der klassische Wertpapierberater. Sobald ein Wert um beispielsweise 30 Prozent gestiegen ist, meldet sich unser Gefühl, trichtert uns ein, dass es so nicht weitergehen kann, und nötigt uns damit, diese sehr erfolgreiche Anlage zu verkaufen. Getreu dem Motto, dass die Bäume nicht in den Himmel wachsen, wird dann genau das verkauft, was uns noch sehr viel Freude hätte bereiten können. Im umgekehrten Fall erlebt der typische Anleger deutliche und schon lange fallende Kurse, sein Gefühl sagt ihm sehr schnell, dass sie unmöglich ewig weiter fallen können, und getrieben von dem Gefühl, etwas zu verpassen, das heißt, an der unteren Wendemarke nicht dabei zu sein, versucht er ein fallendes Messer aufzufangen. Und dann enden die Dinge so, wie sie in diesem Fall nun einmal fast immer enden werden: mit blutigen Händen und leeren Konten. Wahrscheinlich funktionieren Börsen gerade deswegen so gut, weil die allermeisten Anleger mit fast vorhersagbarer Präzision über alle Anlegergenerationen hinweg eben genau diesen gleichen Fehler immer wieder aufs Neue machen. Kaufen und verkaufen, wenn ihr Gefühl das will, und nicht dann, wenn ihr Verstand es von ihnen fordert.

Der typische – schlechte – Wertpapierberater leistet dazu seinen ganz eigenen Beitrag. Zwar ist auch das Kundenwohl sein Ziel, aber zuvor noch kommt der Wunsch nach Umsatz. Ein in diesem Sinn »guter« Wertpapierberater weiß, dass nichts schwieriger ist, als einen Kunden in steigende Kurse hinein zum Kaufen und in fallende Kurse hinein zum Verkaufen zu bewegen. Er weiß aber auch, dass es im Vergleich dazu aus oben genannten Gründen ein Kinderspiel ist, Kunden zum Verkaufen bei steigenden Kursen und zum Kaufen bei fallenden Kursen zu bewegen. So geschieht es denn auch oft genug: Am Ende hat der Berater seine Kommission und der Anleger das kürzere Ende.

■ Das ist richtig wichtig

1. An der Börse tut man ausschließlich das, was gerade alle tun, und nicht das, worüber gerade alle reden. Sonst rein überhaupt gar nichts! Nicht ein einziges Mal!
2. Trends können länger anhalten, als sich das die allermeisten in ihren kühnsten Träumen oder schlimmsten Albträumen vorstellen können.
3. Gehandelt wird immer mit dem Trend. Wenn die Kurse steigen, dann ist ausschließlich »Kaufen« eine sinnvolle Option. Fallen die Kurse, dann ist »Verkaufen« die einzig sinnvolle und denkbare Aktion.

■ Das kann richtig teuer werden

Jedes Investment, das den aktuell herrschenden Trend nicht berücksichtigt: Kaufen im Abwärtstrend und Verkaufen im Aufwärtstrend.

18 Kaufen, bis es klappt

Eine sehr beliebte Vorgehensweise an der Börse ist, auf gut Glück und mit bestenfalls halbwegs guten Argumenten ein Wertpapier zu kaufen, sich etwas »hinzulegen«, wie der Börsianer gerne sagt, um dann abzuwarten, was passiert. Fallen die Kurse, dann legt man sich noch mehr hin, und für den Fall, dass der Fall kein Ende nimmt, dann legt man sich eben noch mal was hin. Dieses Vorgehen wird mit der generell günstigen Perspektive beispielsweise für eine Aktie, der generellen Unmöglichkeit, einen guten Einstiegspunkt zu finden,[48] und manchmal auch mit den guten Erfahrungen, die bislang mit dieser Methode gemacht wurden, begründet. Die Idee dahinter ist immer, dass das Wertpapier früher oder später schon anfangen wird zu steigen, und dann verbilligen die später und zu einem tieferen Kurs gekauften Stücke den durchschnittlichen Einstandskurs. Nicht selten wird ein solches Vorgehen schon mal als der Stein der Weisen präsentiert. Es gibt nicht wenige, die auf diesem Weg eine Beinahe-Minderheitsbeteiligung eines Unternehmens erworben haben, allerdings mit dem kleinen Schönheitsfehler, dass ihre Anteile dann nicht mehr allzu viel wert waren. Sie wollten kaufen, bis es klappt – und das hat nicht geklappt.

Die Angelsachsen, bekannt dafür, die Dinge weit klarer und pointierter zu formulieren als wir, nennen ein solches Verhalten

»To throw good money after bad money« und sie haben damit absolut recht. Deutlicher geht's nicht. Wer eine Aktie oder Ähnliches kauft und einzig deren Kursverluste als Argument für weitere Zukäufe versteht, der wirft schlecht investiertem Geld noch mal neues, also gutes Geld hinterher. Um einen drastischen Vergleich aus dem Alltag zu wählen: Mit der gleichen Begründung können Sie auch die wiederholte Untreue Ihres Partners mit noch mehr Zuneigung beantworten oder gar mit Geschenken belohnen.

Für den Fall aber, dass man sich die Aktie schon von allem Anfang an zu Recht »hingelegt« hat, die Kurse also gestiegen sind, freuen sich die meisten erst einmal, tun wenig bis gar nichts und warten dann darauf, akzeptable Argumente dafür geliefert zu bekommen, ihren Gewinn durch den Verkauf der Position einstreichen zu können. Einer der – nicht besonders klugen – Sprüche dazu lautet: »An Gewinnmitnahmen ist noch keiner gestorben!« Für sich genommen, hat der Slogan eine gewisse Berechtigung, vor allem dann, wenn Kurse das tun, was sie leider nicht immer tun: steigen.

Steigt eine Aktie nach dem Kauf, dann nutzen die meisten Marktteilnehmer den Kursanstieg also nicht etwa für weitere Käufe, sondern suchen nach guten Gründen, die Aktie so schnell wie möglich wieder loszuwerden. Wenn ich auch das ins ganz normale Leben übersetzen darf: In dem Augenblick, in dem sich das neue Wesen an Ihrer Seite als wahrer Glücksgriff erweist, trachten Sie auch schon wieder danach, es loszuwerden. Ist das nicht seltsam? Die meisten Börsianer haben scheinbar Angst vor ihren Gewinnen und Lust an ihren Verlusten. Anders lässt sich dieses Verhaltensmuster nicht sinnvoll erklären.

Andersherum wird ein Schuh daraus: Wenn die Kurse sich vorteilhaft entwickeln, dann wird die einmal getroffene, gute Entscheidung durch neue Käufe bekräftigt. Weil an der Börse fast alles eine Frage des Trends ist, ist genau dann die Wahrscheinlichkeit besonders hoch, dass Sie auf das richtige Pferd und die richtige Richtung gesetzt haben. Der gerade herrschende Trend setzt sich grundsätzlich mit hoher Wahrscheinlichkeit fort, und wenn der in »Ihre« Richtung läuft, dann ist das wunderbar und muss unbedingt durch neue Aktionen unterstützt werden.

Ebenso groß ist die Wahrscheinlichkeit, dass sich ein Abwärtstrend fortsetzen wird, wenn die Kurse gerade senkrecht in den Boden gerammt werden. Genau dann erweisen Sie Ihrem Geld den größtmöglichen Bärendienst, wenn Sie versuchen, durch neue Käufe und einer Reduktion des durchschnittlichen Einstiegskurses – durch »Verbilligen« – Geld zu verdienen.

Wenn die Kurse fallen, wird verkauft. Dazu gibt es keine sinnvolle Alternative. Wer sich anders verhält, der akkumuliert in seinem Depot die Verlustbringer und reduziert die Gewinner. Um zu beweisen, dass sich damit nur in den seltensten Fällen wirklich dauerhaft Geld verdienen lässt, braucht es keine höhere Mathematik. Das wird so sein müssen. Auch hier bestätigen im Zweifel Ausnahmen die Regel. Es ist vorgekommen und es wird weiterhin vorkommen, dass »Verbilligen« sich auszahlt. Aber das wird immer nur die Ausnahme sein können. Alles andere widerspricht aller Theorie und aller Erfahrung.

■ Das ist richtig wichtig

Nachkaufen, wenn die Kurse steigen.

■ Das kann richtig teuer werden

»Verbilligen«; nachkaufen, wenn die Kurse fallen.

19 Spekulanten sind vaterlandslose Gesellen

Zugegebenermaßen ist das einer der Irrtümer, deren Aufklärung nicht unbedingt gleich zu einer besseren Entwicklung der eigenen finanziellen Situation beitragen dürfte. Aber wer zum Beispiel eine Aktie kauft, der ist im strengen Sinne und wahrscheinlich in den Augen vieler anderer schon unter die Spekulanten gegangen und gerade deshalb mag es Sinn machen, einmal über den »Spekulanten« an sich nachzudenken.

Spätestens seit der letzten Finanzkrise ist dessen soziales Prestige ungefähr dort angekommen, wo das eines Versicherungsvertreters oder Teppichverkäufers schon immer war: im Bereich von –273 °C und damit am absoluten Nullpunkt. Spekulanten sind demnach der Quell allen Übels, Vaterlands- bzw. im globalen Zeitalter Weltverräter, verantwortungs- und hemmungslose Gesellen, denen man nur noch bedingt zubilligt, Menschen zu sein, selbst dann, wenn es nur um die zweiter Klasse geht. Aber ist dieses (Vor-)Urteil wirklich richtig?

Handel an den Finanzmärkten kann ausschließlich dann zustande kommen, wenn zwei Marktteilnehmer sich aus freien Stücken darauf einigen, jeweils das Gegenteil des anderen zu tun: Der eine will kaufen und der andere verkaufen. Wenn alle immer das Gleiche wollten, dann käme niemals ein Handel zustande und das Phänomen »Finanzmarkt« gäbe es nicht. Wenn also ein Landwirt hier in Deutschland seine noch nicht eingebrachte Ernte verkaufen will, etwa weil er damit rechnet, dass höhere als die aktuell gehandelten Preise kaum in dem für ihn wichtigen Zeitraum erzielt werden dürften, dann braucht er erstens einen Ort und zweitens jemanden, der ihm diese anstehende Ernte auch abkauft. Beispielsweise findet sich als Gegenpart in einer solchen Situation ein Spekulant, der das tut. Der hat dann eine völlig andere Meinung von der anstehenden Marktentwicklung und deshalb kommt es zum Austausch der Positionen. Der Landwirt hat danach das Geld und der Spekulant die Ernte. Spekulanten tragen somit ganz enorm dazu bei, dass an den Märkten Liquidität bereitgestellt und damit die Funktion des Marktes gewährleistet wird. So gesehen sind Spekulanten nun vielleicht nicht gerade Samariter, schließlich wollen auch sei ausschließlich Geld verdienen. Sie sind aber eben auch nicht das, was so manch ideologisch Vorgeprägter und viele Unberufene gerade in der heißen Phase der jüngsten Finanzkrise aus ihnen gemacht haben.

Spekulanten sind nicht per se Vaterlandsverräter oder Verbrecher. Sie sind Marktteilnehmer, ohne die die Finanzmärkte nicht oder zumindest nur bedingt funktionieren würden. Erst dann, wenn sie Gesetze brechen und andere von ihnen vorsätzlich über den Tisch gezogen werden, erst dann ist ein Urteil, ihre Handlungen seien unehrenhaft, statthaft. Wer solche Personen jedoch »Spekulanten« nennt, der tut den Spekulanten schlicht unrecht.

■ Das ist richtig wichtig

Jeder, der an den Finanzmärkten, der Börse investiert, spekuliert. Er spekuliert darauf, dass »sein« Wertpapier seiner Erwartungshaltung gerecht wird. Spekulation ist nichts Unehrenhaftes. Wer eine Aktie kauft, der spekuliert auf höhere Kurse, und wer das gute Stück verkauft, auf fallende. Mehr nicht. Das darf man ohne schlechtes Gewissen tun![49] Spekulieren, also Risiken bewusst und kontrolliert eingehen, das muss man tun, wenn man eine Chance haben will, in diesem Leben wirklich zu Geld zu kommen.

20 Legen Sie sich einen Guru zu

Irgendwann Ende der 1970er- und Anfang der 1980er-Jahre wurde die Welt auf einen weißbärtigen Quasi-Heiligen aufmerksam. Er lebte in dem kleinen indischen Städtchen Poona und scharte nicht nur Tausende vorwiegend westliche Jünger, sondern auch die stattliche Zahl von (nach eigenen Angaben) 60 Rolls-Royce um sich, erworben von den (Erleuchtungs-)Abgaben seiner im Regelfall alles andere als mittellosen Anhänger. Der Mann mit dem schon sehr schütter gewordenen Haupthaar und dem Gesichtsausdruck eines allem Irdischen entrückten Messias lehrte damals die totale sexuelle Freizügigkeit[50] als Ausdruck höchstmöglicher Erleuchtung für den Weltfrieden und als »Medizin« für das eigene persönliche Wohlergehen. Inoffizielles Motto: »Liebt euch, wo immer und wann immer ihr könnt!«

Und weil nun einmal nichts unglaubwürdiger ist als ein Chef, zumal wenn er den Rang eines Gurus erreicht hat, der nicht mit leuchtendem Beispiel vorangeht, war er selbst nach eigenem Bekunden wohl derjenige, der diese Lehre am konsequentesten in die Tat umsetzte. So weit, so gut, so unspektakulär vielleicht und vor allem so lehrreich: Wenn das Angebot oder die Versuchung nur gut genug ist, dann gibt es immer reichlich Menschen, die da mitmachen wollen und im Zweifel dafür auch vieles von dem, was ihnen bislang wichtig war, hinter sich lassen.

Was die Sache für dieses Buch interessant macht, ist, dass knappe zwei Jahrzehnte später der gleiche, mittlerweile deutlich in die Jahre gekommene »weise« Mann seiner Lehre eine völlige Neuorientierung verpasste und fortan die totale Enthaltsamkeit zur Erreichung der gleichen spirituellen, ganz lebensnahen und handfesten Ziele predigte. Es versteht sich von selbst, dass eine solche Lehre nun nicht mehr den ganz großen Reiz ausübte und die Zahl seiner Anhänger zu einem kümmerlichen Häuflein zusammenschmolz. Aber immerhin – es gab einige, die freiwillig mitmachten. Sie folgten ihrem Guru durch dick und dünn, gaben ihre Selbstbestimmungsmöglichkeiten für ihn komplett auf, auch wenn es nicht überliefert ist, dass seine Lehre auch nur einen seiner Anhänger wirklich glücklich gemacht hat.

Gurus gibt es auch heute überall auf dieser Welt und zu jedem Thema und ihnen mangelt es erstaunlicherweise nicht an Jüngern, die ihre Lehre als das absolute Nonplusultra erfahren und sich ihnen bedingungslos ausliefern.

Auch an den Finanzmärkten haben sich solche – mit der Bitte um Nachsicht für das nun folgende Wort, aber alles andere würde ihnen nicht gerecht – Rattenfänger eingenistet. Sie versprechen allen das Blaue vom Himmel herunter – vorausgesetzt, sie tun völlig unreflektiert und kritiklos exakt das, was jener in meinen Augen absolut unlautere Kandidat von ihnen verlangt. Dazu zählt in erster Linie, des Gurus Bücher, Börsenbriefe etc. zu kaufen, was schon bei monatlich 30 bis 50 Euro und 5000 Anhängern/Jüngern ein ganz einträgliches Geschäftsmodell sein kann.

Der eine verspricht zum Beispiel bei der sklavischen Beachtung seiner Ratschläge eine Verhundertfachung des Anfangsvermögens in den nächsten 7 Jahren. Das ist insofern ein kluger Schachzug des wenig geschätzten Kameraden, als sich nun auch noch 2 weitere Multiplikationsfaktoren hinzugesellen – 12 Monate mal 7 Jahre. Wenn nur 100 Personen diesen Wahnsinn mitmachen, dann hat er 100 (Jünger) mal 50 (Preis) mal 12 (Monate) mal 7 (Jahre), also 420 000 Euro verdient. Kein schlechter Umsatz für den Verkauf einer haltlosen Illusion.

Übrigens ist dieses Geschäftsmodell bislang nicht nur einmal erprobt worden. Es gab schon diverse Verführer, die »So mache ich Sie reich!« versprachen oder dezidiert ankündigten, bei der willenlosen Befolgung der von Ihnen vorgegebenen Regeln aus einem Startkapital von 10 000 Euro binnen 7 Jahren zum Beispiel eine Million zu machen. Der Haken daran ist nur, dass mir nicht bekannt ist, dass auch nur ein einziger Kunde dieses Ziel erreicht hat. Aber das Geschäftsmodell an sich war erfolgreich: Keiner dieser Gurus hatte, nach meinen Beobachtungen, weniger als eine vierstellige Gefolgschaft.

Es gab auch schon weniger problematische Gurus, die eine Unzahl von Crashs vorhersahen, die Verzehnfachung des Werts von Dutzenden von Aktien binnen Jahresfrist, oder die solchen Blödsinn lehrten wie einen sage und schreibe 40-jährigen Anlagehorizont. Der Schönheitsfehler daran: Die Crashs stellten sich nicht ein, die Aktien stiegen, wenn überhaupt, dann bei Weitem nicht im angekündigten Ausmaß und früher oder später standen ihre Jünger verraten und verkauft im Regen. Und was von einer Lehre zu halten ist, die allen Ernstes empfiehlt, sich im Alter von 20 Jahren Aktien zu kaufen und sie erst mit 60 wieder zu verkaufen, darüber möchte ich hier aus Gründen der Sprachkultur den Mantel des Schweigens decken. Nur das Guru-Geschäftsmodell – das hat zumindest in einigen Fällen ganz gut funktioniert.[51]

■ Das ist richtig wichtig

Halten Sie sich von allen und allem fern, das mit einem totalen Unbedingtheitsanspruch daherkommt, von überall dort, wo auch nur die Anfänge eines Personenkults vermutet werden können, die einzig glückselig machende Heilslehre versprochen wird oder das eigene kritische Denken ausgeschaltet werden soll. Dort hat man mit einiger Sicherheit nicht Ihr Wohlergehen, sondern vor allem und manchmal vielleicht auch ausschließlich das eigene im Sinn. Gurus und ihresgleichen – das sind im richtigen Leben Verführer und, wenn's ums Geld geht, Vernichtungsmaschinen. Sonst nichts.

21 Wir werden alle gleichzeitig an den Finanzmärkten glücklich

Eigentlich ist alles ganz einfach: Wer eine Aktie oder Anleihe kaufen will, der muss einen finden, der bereit und willens ist, ihm genau die auch zu dem gebotenen Preis zu verkaufen. Das ist an den Finanzmärkten genauso wie in jedem Schuh- oder Autoladen dieser Welt. Zu jedem Käufer gehört ein Verkäufer und umgekehrt. Wenn die beiden sich nicht einigen, kommt kein Handel zustande und damit auch kein Vermögenstausch. Werden sie sich handelseinig, dann hat nach Abschluss der Transaktion der Verkäufer das Geld und der Käufer das Auto oder die Käuferin die Aktie, die Anleihe, die Pumps. Auch die folgende Erkenntnis ist an Banalität kaum zu überbieten – aber vor allem ihre Konsequenzen scheinen nicht allen wirklich bekannt zu sein: Der Verkäufer hat nach der Transaktion kein Auto, keinen Schuh und keine Aktie oder Anleihe mehr und der Käufer hat danach nicht mehr das Geld, das er für den Kauf ausgegeben hat. Das hat der Verkäufer.

Nun ist es »danach« mit dem Auto oder dem Schuh eine relativ einfache Sache. Beides wird mit ganz, ganz wenigen Ausnahmen[52] an Wert verlieren, der Schuh mehr als das Auto. Die Gegenleistung für diesen Wertverlust besteht in dem Nutzwert der erworbenen Gegenstände: Das Auto bringt mann frau näher und die Pumps frau mann. An den Finanzmärkten – auch das ist nun nicht mehr nobelpreisverdächtig – sind die Dinge komplexer: Das Erworbene kann »danach« im Kurs fallen – oder steigen. Und das macht die Sache sehr viel spannender.

Die ausschließliche Motivation, eine Aktie zu kaufen, besteht in der Erwartung, dass sie steigen wird. Die ausschließliche Motivation, eine Aktie zu verkaufen, besteht zumindest zu weiten Teilen in der Erwartung, dass sie fallen wird. Wenn nun eine Aktie den Besitzer wechselt, dann treffen sich also zwei Akteure, die völlig unterschiedliche Vorstellungen von dem haben, was der Aktienkurs in Zukunft tun wird. Der eine geht von steigenden, der andere von fallenden Kursen aus. Die Aktie wird aber nolens volens danach nur eines tun können: steigen oder fallen. Beides – und da will ich ein letztes Mal auf die fehlende Originalität hinweisen – geht schlicht nicht. Der Rückschluss: Nur einer hat das Richtige getan. Nur einer wird danach glücklich sein, aber auch nur einer wird sich ärgern. Der Clou dabei: Anfänglich glauben beide Akteure, das bessere Ende für sich zu haben, erst in der Zeit danach erweist sich, wer wirklich als Sieger aus dem Wettstreit hervorgeht.

An den Finanzmärkten wird es also immer Gewinner und Verlierer geben. Und das gleichzeitig! Nur wenn die Börsen dieser Welt immer nur das eine tun – steigen! –, nur dann gibt es keine Verlierer.[53] Aber das gilt auch nur dann, wenn die entgangenen Gewinne der Nicht-Aktien-Besitzer nicht als Quasiverluste oder eben in bester BWLer-Sprache nicht als Opportunitätskosten klassifiziert werden. Solange aber dieser Sonderfall nicht ständig der Fall ist, und gerade das letzte Jahrzehnt mit all seinen Krisen – Aktien-, Finanz-, Immobilienkrise – legt ein beredtes Zeugnis davon ab, dass dem ganz gewiss nicht immer so sein wird, solange werden wir nicht alle gleichzeitig an den Finanzmärkten glücklich werden. Es geht auch nicht anders. Um ein in Mode gekommenes Wort zu benutzen: Das ist systemisch vorgegeben.

Damit ist aber auch ganz schnell eines klar: Jede Finanztransaktion ist ein Wettbewerb. Die einen verdienen Geld und die anderen verlieren Geld. Mehr noch, die einen verdienen genau das Geld, das die anderen verlieren. Die Konsequenz ist auch sofort klar: Wer sich an die Finanzmärkte wagt, muss sich als Allererstes zutrauen, besser als seine »Widersacher« zu sein. Mehr noch, er muss bis zu einem gewissen Grad wissen, dass er besser ist als die anderen, weil seine Ausbildung, sein Know-how, seine Erfahrung größer und besser sind als zum Beispiel die des Verkäufers der Aktie, die er gerade erstanden hat. So überlegt, wird Börse zu Darwinismus in Reinkultur und der Kuschelfaktor vom gemeinsamen Börsenglück reduziert sich auf einen Wert nahe null. Die Schlussfolgerung ist unmittelbar einleuchtend und steht in den Absätzen, in denen es um Arbeit und Ausbildung geht.

Übrigens (1) denken Sie unbedingt daran: Irgendjemand muss die Aktien oder auch Anleihen haben, wenn sie fallen. Das geht gar nicht anders, sie können sich ja nicht in Luft auflösen[54] oder plötzlich niemandem mehr gehören. Diejenigen, die die Wertpapiere dann haben, sind die mit dem kurzen Ende. Auch nur eine begrenzte Zahl von Menschen können sie haben, wenn sie steigen. Das sind die mit dem langen Ende.
Übrigens (2) ist im besten Bankerhochdeutsch die Summe aller relativen Performance rund um den Planeten null. Frei übersetzt heißt das einfach nur, dass auf jeden, der beim Kauf einer Aktie eine gute Entscheidung getroffen hat, notwendigerweise einer kommt, der beim Kauf einer Aktie eine schlechte Entscheidung getroffen hat. Von den vielleicht 5000 ziemlich gut handelbaren Aktien dieser Welt entwickelt sich im Großen und Ganzen immer die eine Hälfte besser und die andere Hälfte schlechter als der Weltaktienindex.[55] Die einen weisen eine positive relative Entwicklung gegenüber dem Index auf, sie steigen also schneller als der Index oder fallen langsamer und entwickeln sich deshalb insgesamt besser als der Index. Bei den anderen läuft der Hase genau anders herum, sie haben gegenüber dem Index keine gute Entwicklung. Sie zeigen relative Schwäche.
Wirft man nun alle 5000 Aktien mit ihren jeweiligen relativen Entwicklungen gegenüber dem Index in einen Topf, dann muss dabei notwendigerweise eine relative Performance von null herauskommen.
Die Konsequenz daraus ist unter anderem, dass es immer gute und zur gleichen Zeit auch immer schlechte Fonds geben wird. Es geht nicht anders. In den einen finden sich mehrheitlich die

guten und in den anderen mehrheitlich die schlechten Aktien. Die Manager der erstgenannten Fonds erreichen das vorgegebene Ziel, sie schlagen ihre Benchmark, im besprochenen Fall entwickelt sich der Fonds dann besser als der Weltaktienindex, die anderen nicht. Das ist eine gottgegebene Konsequenz des Systems Börse, wie wir es kennen. Sie gilt für alles, was an Börsen gehandelt wird. Ein anderes System Börse ist auch nicht vorstellbar. Börse kennt keine Subventionen, kennt keine Sozialhilfe für die von den Kursen oder ihren Beratern Benachteiligten und Zukurzgekommenen und alle »Versicherungen« gegen Kursverluste etc. kosten entweder den Versicherungsnehmer[56] oder den Versicherungsgeber[57] Geld. Auch da ist das Gesamtergebnis null.

■ Das ist richtig wichtig

1. Wir werden an der Börse nicht alle gleichzeitig glücklich werden.
2. Alles, was an den Finanzmärkten stattfindet, ist Wettstreit, Wettbewerb, Kampf u. Ä. in Reinkultur. Die Guten werden Geld verdienen. Die Schlechten nicht.
3. Meistens wird es wenig Gute und viele Schlechte geben. Die Ersteren haben große Konten und die Letzteren kleine. Die einen wissen, wie der Hase läuft, die anderen nicht.

■ Das kann richtig teuer werden

Schmerzhaft wird es für all diejenigen, die nicht akzeptieren wollen, dass sie besser sein müssen als die anderen. Das gilt bei der Auswahl der richtigen Aktie oder des richtigen Fonds und das gilt auch und vor allem für die Grundsatzentscheidung »Kauf« oder »Verkauf«.

22 Gold ist eine Krisenwährung und Inflationsindikator

Die Feststellung in der Überschrift dürfte mit einiger Sicherheit mehrheitsfähig sein: Gold steigt in Krisen und in Zeiten von Inflation. Die dahinterstehende Überlegung ist auch nicht neu; in Krisenzeiten sucht Geld einen möglichst sicheren Hafen auf. Deshalb wird es in Sachanlagen wie Immobilien oder eben auch Gold investiert.

Was sich so plausibel anhört, hat leider nur einen Haken: Es stimmt nicht. Lassen Sie uns einen Blick auf ein paar (Schau-) Bilder werfen, um zu des Pudels Kern vorzudringen. Die folgenden beiden Charts zeigen deshalb erstens die Entwicklung des Goldpreises seit dem Jahrtausendwechsel und zweitens die Preissteigerungsrate in Deutschland und den USA in derselben Zeit. Im Goldchart sind die Zeiten der Krise durch Ellipsen markiert. Zu Beginn das Platzen der Internet-Blase und die Zeit um den 09.11.2001 und am Ende des letzten Jahrzehnts die Zeit der (zweit)größten Finanzkrise aller Zeiten.

Der Goldpreis in Dollar seit dem Jahr 2000

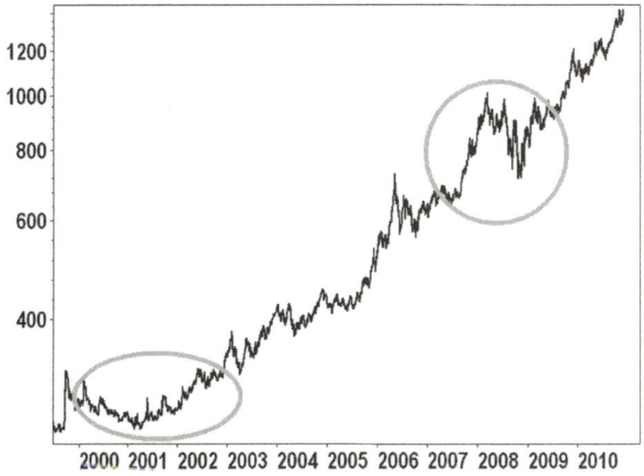

Man kann das Blatt nun wirklich drehen und wenden, wie man will – im letzten Jahrzehnt hat sich der Goldpreis in Dollar gerechnet von rund 250 auf mehr als 1400 Dollar mehr als verfünffacht. Dieser Anstieg fand zwar *auch* zu Krisenzeiten statt, aber eben – und das ist der entscheidende Irrtum – auch in den Jahren davor und danach. Sollte Gold wirklich ein tauglicher Krisenindikator sein, dann müssten die Jahre zwischen 2000 und 2010 die Zeit einer einzigen großen Krise gewesen sein. Das aber lässt sich so gut wie nicht belegen. Weder durch unsere Alltagserfahrung und rückblickende Wahrnehmung noch durch harte Fakten.

Die jährlichen Preissteigerungsraten seit 2000 in Deutschland

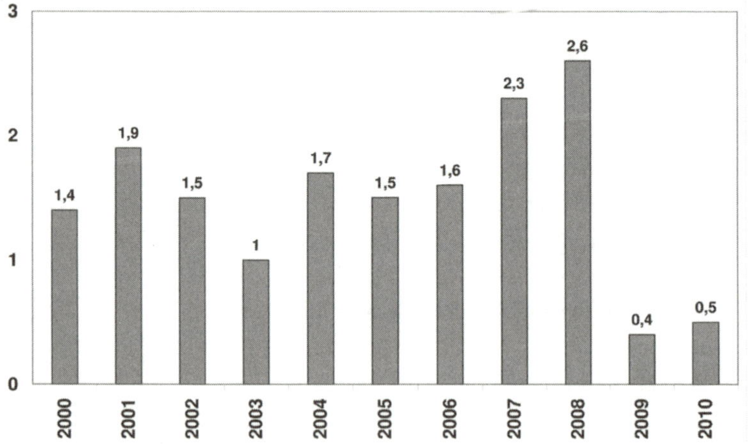

Wenn Gold ein echter Krisenindikator wäre, dann müsste andersherum zwischen 1980 und 2000 eine ganz wunderbare Zeit ohne irgendwelche großen oder gar dauerhaften Einschnitte gewesen sein. Damals fiel der Goldpreis von in der Spitze 850 Dollar auf die schon oben erwähnten 250 Dollar. Aber auch das lässt sich angesichts des ersten Irakkrieges, der Katastrophe von Tschernobyl und der Auflösung des Ostblocks mit all seinen Verwerfungen kaum belegen.[58]

Der Goldpreis in Dollar in den Jahren 1980 bis 2000

Völlig unzweideutig und deshalb keiner großen Erwähnung wert sind die Charts der Preissteigerungsrate in Deutschland.[59] Inflation gab es in den Jahren 2000 bis 2010 nicht.[60] Dennoch schoss der Goldpreis in dieser Zeit durch die Decke. Vielleicht könnte man die Argumentation, Gold sei ein Inflationsindikator, noch mit dem Gedanken retten, dass in dieser Zeit stets Inflation erwartet wurde und diese Erwartung ihn antrieb. Ja – das ist möglich. Aber das würde heißen, dass sage und schreibe 10 Jahre lang die Anleger das Falsche erwarteten und doch ihr Verhalten nicht änderten. Möglich ist alles – aber so viel Renitenz wohl doch unwahrscheinlich.

■ Das ist richtig wichtig

1. Ein einfacher Zusammenhang zwischen Krise bzw. Inflation und dauerhaft steigenden Goldpreisen lässt sich kaum belegen.
2. Gold steigt und fällt wie alles andere auch mit der Entwicklung von Angebot und Nachfrage. Und die ist alles andere als krisengesteuert.

3. Ein wenig Gold physisch oder etwa in Form von »Xetra-Gold«[61] der Deutschen Börse ist als Krisenvorsorge bestimmt kein Fehler. Aber alle Vorsorge und alle Anlagepolitik allein oder auch nur zu wesentlichen Teilen auf Gold zu bauen, kann mächtig danebengehen. Alle Goldbesitzer der Jahre 1980 bis 2000 können davon nicht nur ein Lied singen.

23 Versuchen Sie es mit der totalen Risikostreuung

Wer alles auf eine Karte setzt, der liefert sich auf Gedeih und Verderb genau dieser einen Karte aus. An ihr hängt sein Schicksal. Wer auf zwei Karten setzt, für den reduziert sich die Bedeutung der ersten Karte. Er hat ja noch ein zweites Eisen im Feuer. Und wer sein Vermögen auf drei unterschiedliche Positionen verteilt, für den reduzieren sich die Folgen eines eklatanten Fehlgriffs noch ein Stückchen weiter. So weit ist daran nichts auszusetzen. Ich wäre mit dem Klammersack gepudert, wenn ich etwas anderes behaupten würde.

Wer seine eingegangenen Risiken zum Beispiel auf Aktien, Immobilien und Rohstoffe verteilt, der kann mit einer Aktienbaisse sehr viel besser leben als einer, der nur auf Aktien gesetzt hat. Einmal, weil sein Engagement in Aktien insgesamt geringer ist und damit auch seine absoluten Verluste kleiner sind, zum anderen aber auch, weil ja die Chance besteht, dass in einer Zeit fallender Aktien Immobilien als sicherer Hafen besonders geschätzt werden und sie deshalb gleichzeitig im Preis steigen. Wer also seine Investments streut, reduziert sein Risiko, ist nach unten im Regelfall besser abgefedert und lebt deshalb ruhiger und besser.

Der Preis dafür besteht im Normalfall in einer geringeren Rendite für das Gesamtportfolio zum Beispiel dann, wenn die Aktien zwar exorbitant steigen, die Rohstoffe das aber nicht oder nicht in demselben Maße tun. Allerdings kann Diversifikation auch zu einem sogenannten »risikolosen Zins« führen. Um diese Idee an einem einfachen Beispiel kurz zu erläutern: Wenn ein Portfolio je zur Hälfte aus zwei Aktien besteht, über die bekannt ist, dass immer dann, wenn die eine um 5 Prozent fällt, die andere um 10 Prozent steigt, dann muss dabei notwendigerweise immer eine Wertsteigerung des Portfolios, ein »Zins« von 2,5 Prozent herauskommen.[62] Es geht nicht anders.

Problematisch wird Diversifikation erst dann, wenn die Zahl der Eisen im Feuer ein bestimmtes Maß überschreitet. Die meisten Anleger sind schon mit der Überwachung von 10 unterschiedlichen Depotpositionen völlig überfordert. Es ist ihnen nicht möglich, ein solches Depot noch aktiv zu führen. Nicht weil sie intellektuell überfordert wären oder sie die Zeit dafür nicht hätten, sondern weil es emotional nicht mehr handhabbar und überschaubar ist. Es kostet Kraft, zu kaufen, und es kostet noch mehr Kraft, zu verkaufen. Das schafft man bestenfalls mit 5 bis 7 Positionen im Depot. Denn immer schwingt die Sorge mit, dass die aktuelle Handlungsentscheidung falsch sein könnte. Da es auch richtig oder genauso falsch sein könnte, nichts zu tun, entscheiden sich nicht wenige genau dafür: fürs Nichtstun. Das aber ist nach aller Erfahrung das Falscheste[63] überhaupt. Schlimmer geht's nimmer.

Alles, was man tut, muss in allen Lebenslagen und vor allem in allen finanziellen Momenten immer überschaubar bleiben. Damit man niemals den Überblick verliert und vor allem nicht die Kraft, zu reagieren.

■ Das ist richtig wichtig

5 bis maximal 7 Positionen sind genug. Mehr sind nicht beherrschbar. Das gilt übrigens auch für an sich schon diversifizierte Produkte wie zum Beispiel Fonds. Machen Sie es sich zur Aufgabe, immer dann, wenn Sie sich eine zusätzliche Position ins Depot legen wollen, obwohl sich darin schon 5 oder gar 7 befinden, erst eine der bestehenden zu verkaufen.

■ Das kann richtig teuer werden

Das planlose Aufblähen des Depots mit immer mehr Positionen.

24 Setzen Sie alles auf eine Karte

Dass das nicht besonders klug ist, das wissen die meisten und sind auch schnell in der Lage zu erkennen, dass zumindest ein wenig Risikostreuung kein Fehler ist. Das Problem: Kaum einer hält sich wirklich daran. Viele erkennen das Problem auch nicht unbedingt, weil es doch ein wenig vielschichtiger ist, als man es zunächst vermutet. Das typische Beispiel dafür ist – wahrscheinlich ruft diese Feststellung ein wenig Überraschung hervor – die selbst genutzte Immobilie. Sie bindet bei einem Großteil der Häuslebauer oder Wohnungskäufer nahezu alle verfügbaren Mittel und erfüllt damit den Tatbestand des »Alles-auf-eine-Karte-Setzens«. Wenn das schiefgeht, weil die Lage dann doch nicht passt, einem vors Haus eine Schnellstraße gebaut wird, sich die Bausubstanz als marode oder die Zuschnitte der Zimmer als untauglich erweisen, dann war's das.[64] Die einzige Karte ist ausgespielt und sie hält nicht, was sie versprach.

Interessanterweise spielt uns hier oft unsere Psyche einen Streich: Wer ist nicht davon überzeugt, dass er das Richtige tut? Im Regelfall gehen wir alle davon aus, dass unsere Entscheidungen wohl begründet sind und den Einsatz lohnen. Erstaunlicherweise ist das aber vor allem dann der Fall, wenn auch unser Gefühl überzeugt ist. Wenn der Verstand oder andere Menschen, Dinge oder Umstände es schaffen, auch unser Gefühl mit ins Boot zu bekommen, dann nimmt der Wohlfühlfaktor massiv zu – und damit leider auch die Bereitschaft, zu große, kaum kalkulierbare Risiken einzugehen. Das kann nicht selten so weit gehen, dass die grenzenlose Überzeugung, das Richtige zu tun, uns alle Vorsichtsmaßnahmen »nur dieses eine Mal« bewusst über Bord schmeißen lässt. In 8 von 10 Fällen kommt dann die Reue – aber sie kommt zu spät. Wer dann alles auf eine Karte gesetzt hat, für den ist das Spiel aus und der wird nur dann, wenn ihm das Schicksal richtig wohl gesonnen ist, wieder eine echte neue Chance bekommen.

Ein kleines Beispiel: Der junge Mann, der sich in den 1990er-Jahren in den heiligen Hallen unseres gemeinsamem Arbeitgebers einfand, war weder besonders sympathisch, anderweitig auffällig, noch eilte ihm ein besonderer Ruf voraus. Er war für mich zunächst einfach nur einer von vielen Analysten, die, ebenso wie ich damals, in der Frankfurter Bankenszene in Lohn und Brot standen und als Gegenleistung für ihr Salär versuchten, die Zukunft der Finanzmärkte vorherzusagen. Aber es sollte sich herausstellen, dass Hans, wie ich ihn der Einfachheit halber nennen möchte, aus einem anderen Holz geschnitzt war. Denn Hans' Prognosen waren richtig gut und, kombiniert mit den meinen, waren sie so ziemlich das Beste, was »unsere« Bank davor und danach jemals hervorbrachte. Hans zeichnete sich aber auch durch eine ganz andere herausragende Fähigkeit aus: Anders als so viele, die damals wie heute den großen Zampano gaben und geben, aber so gut wie nichts auf die Reihe bekommen, verdiente Hans mit seinen Prognosen an der Börse ein Heidengeld. Sein anfängliches 5-stelliges Startkapital verfünfhundertfachte sich in nur anderthalb Jahren. Nach 18 Monaten hatte er aus jeder eingesetzten Mark 500 gemacht. Um es mal vorsichtig auszudrücken: Das war nicht gar so schlecht.

Der Haken an der Geschichte ist, dass er drei Monate später ziemlich genau dort wieder angekommen war, wo er knappe 2 Jahre zuvor angefangen hatte. Mit viel Übermut und Unachtsamkeit, einer einfach keine Grenzen mehr kennenden Bereitschaft, immer alles auf eine Karte zu setzen, gepaart mit einer durch den Erfolg geförderten Selbstüberschätzung und dem Verzicht auf alle zuvor sklavisch beachteten Vorsichtsmaßnahmen, hatte Hans sich wieder zurück auf »Los« begeben. Das Problem: Hans hatte in der Zwischenzeit seinen Lebensstandard im Schnelldurchgang seiner zwischenzeitlichen Kontogröße angepasst, aber verpasst, das auf dem Weg nach unten auch zu tun. Einmal, weil er an seine eigene unmittelbar bevorstehende finanzielle Auferstehung mehr als an alles andere glaubte. Zum anderen aber auch, weil sich zum Beispiel der Kauf einer Villa und eines Sportwagens nicht einfach von heute auf morgen rückabwickeln lässt. Nach ein paar kleinen, glücklichen und vielen weiteren äußerst unangenehmen und heftigen Umwegen nahm deshalb das Desaster seinen Lauf.

Wer jemals von einem Polo auf einen Porsche umgestiegen ist und dann wieder zurück ins Glied musste, der hat eine ungefähre Ahnung von dem, was Hans in diesen Jahren gefühlt haben dürfte. Er hatte fest an sich und vor allem daran geglaubt, nie einen Fehler zu machen, und ist damit einer gerade an den Finanzmärkten erstaunlich häufig anzutreffenden kardinalen Fehleinschätzung der eigenen Fähigkeiten und Fertigkeiten aufgesessen. Die Realität sieht garantiert anders aus. Ganz anders.

Ich denke in diesem Zusammenhang auch an Roulettespieler, die in der festen Überzeugung, dass die 7 – ihre Glückszahl –

kommt, nichts anderes mehr tun, als auf diese Zahl zu setzen; an Anleger, die blind vor Vertrauen jahrelang ausschließlich in eine einzige Aktie investieren und die keine noch so große Enttäuschung davon abhalten kann, weiterzumachen; an Unternehmensgründer, die alles in eine Idee investieren und irgendwann zu den 80 Prozent gehören, die nach 5 Jahren und verbrannten Eigenmitteln einsehen müssen, dass diese eine Idee nicht tragfähig war.[65]

■ Das ist richtig wichtig

Setzen Sie nie alles auf eine Karte. Das bedeutet für mich auch, lieber zur Miete zu wohnen, als jeden finanziellen Freiraum aufzugeben, sich dem Diktat der Hypothek unterzuordnen und über keine anderen Vermögenswerte oder Entscheidungsspielräume oder Reserven mehr zu verfügen.

■ Das kann richtig teuer werden

Alles andere.

25 Bauen Sie schon mal Ihr Märchenschloss

Träumen kann eine herrliche Sache sein. Ein Spaziergang durch eine blühende, duftende Frühlingswiese. Von weiter Ferne schon sieht man(n) den leicht wiegenden Gang einer wunderbaren Frau. Mit jedem Schritt, den wir aufeinander zugehen, wird sie begehrenswerter. Ihr Lächeln verzaubert mich. Wir umarmen uns ohne viele Worte, sinken in die Wiese, erleben, was wir uns schon immer gewünscht haben. Ein Tag ist wunderbarer als der andere. Es ist die einzig wahre und tiefe echte Liebe. Es folgen die Verlobungsringe. Ein Jahr später ist Hochzeit, Nachwuchs ist unterwegs und so leben wir glücklich zusammen bis ans Ende unserer Tage.

Der folgende (Tag-)Traum ist auch sehr beliebt: In meinem ersten Job verdiene ich 50 000 Euro netto. Ich bin ja schließlich gut ausgebildet, habe ein gewinnendes Wesen ebenso wie einen guten Steuerberater und meine Qualitäten werden sich meinem Chef von Anfang an erschließen. Mein Einkommen wächst jedes Jahr im Durchschnitt um 20 Prozent, nach 5 Jahren ist mein Gehalt schon im 6-stelligen Bereich angekommen. Jedes Jahr lege ich von meinem Gehalt 20 Prozent an, erziele eine Durchschnittsrendite von 15 Prozent (wobei die Frage vor oder nach Steuern noch zu klären wäre) und im 6. Jahr verfüge ich dann über ein Depot, das sich auch im 6-stelligen Bereich bewegt. Ein paar Jahre später bin ich Millionär, genieße das Leben in meiner Villa mit Blick auf den Comer See, die Jacht liegt im Hafen, ich besuche die eine oder andere Wohltätigkeitsveranstaltung und genieße das Leben mit meiner Frau (die aus dem ersten Abschnitt dieses Kapitels) und unseren drei Kindern in vollen Zügen.

Keine Frage – Träume sind ein Stück Lebenskraft. Sie gehören zum Leben dazu wie die Butter zum Brot und die Sonne zum Strand. Ohne sie wäre unser Dasein auf jeden Fall ärmer und die eine oder andere Vision vom Leben hat dem einen oder anderen schon den richtigen Weg gewiesen. Aber meistens bietet es sich an, irgendwann, am besten, bevor man anfängt, in seinem Luftschloss zu wohnen, wieder in die Realität zurückzufinden. Die Wahrscheinlichkeit dafür, dass die Frau auf dem Wiesengrund und ich wirklich für ein gemeinsames Leben zusammenfinden, ist ungefähr genauso groß wie eine dauerhafte Rendite des eingesetzten Kapitals von 15 Prozent, eine jährliche Gehaltssteigerung von 20 Prozent oder gar ein Nettoanfangsgehalt von 50 000 Euro.

Gerade in allen finanziellen Dingen ist es ziemlich leicht, die Bodenhaftung zu verlieren, weil sich alles oder zumindest fast alles im mehr oder weniger virtuellen Raum abspielt. Vor allem in Geldangelegenheiten betrachten sehr viele Menschen in Hinblick auf die Rendite ihrer Geldanlage nur den bestmöglichen oder zumindest den Fall, bei dem alles so kommt wie geplant. Sie denken, wenn überhaupt, viel zu wenig an das, was sie tun, wenn alles anders kommt. Sie blenden die Risiken teilweise oder kom plett aus und fangen schon mal damit an, auf diesem äußerst wackeligen Fundament Luftschlösser zu bauen. Besser kann man seinen eigenen finanziellen Untergang nicht planen.

■ Das ist richtig wichtig

Bleiben Sie um jeden Preis realitätsbewusst. Wenn Sie selbst keine Vorstellung von dem entwickeln können, was von Fall zu Fall realistisch ist, fragen Sie den Mann, der Ihnen Ihre Toilette entstopft; die Putzfrau des Nachbarn; den Bäcker um die Ecke; die Pflegekraft der Eltern bzw. Großeltern oder einen aus der Schar derer, die schon mit 15 Jahren ihr eigenes Geld verdienen mussten.

26 Lassen Sie uns an den Weltuntergang glauben

Der Herbst 2008 hatte es in sich. All diejenigen, die schon immer an den Weltuntergang geglaubt hatten, sahen sich endlich bestätigt und der eine oder andere dieser Propheten nahm auch schon mal die Worte in den Mund: »am Ziel angekommen«. Wahrscheinlich stand die Welt damals wirklich kurz vor einer Kernschmelze des

Finanzsystems mit kaum absehbaren Folgen für jegliches Gefüge, vor allem in den westlich und marktwirtschaftlich organisierten Staaten. Ja, und wahrscheinlich hatten wir damals auch das Glück, dass unsere Politiker und all die anderen, die für unsere Geschicke sorgen, vielleicht doch nicht gar so unfähig und von allen guten Geistern verlassen sind, wie wir das zumindest hin und wieder zu erleben glauben. Ehrlich gestanden: Auch mir war nicht gar so wohl in meiner Haut. Wer die Dinge nicht erst am nächsten oder übernächsten Tag aus der Tagespresse oder den Abendnachrichten erfuhr, der machte sich wohl doch begründet ein paar Gedanken darüber, ob das alles noch mal gut ausgehen könne.

Der Zufall wollte es, dass ich damals am Tisch zweier sympathischer junger Männer Platz nahm, wir gemeinsam zu Abend aßen und sie mir dabei ihre Geschichte erzählten. Sie waren schon vor Jahren in ihren eigenen Analysen zu dem Ergebnis gekommen, dass der Big Bang nur noch eine Frage der Zeit sein könne, und hatten konsequent damit begonnen, sich darauf vorzubereiten. Sie hatten ein Grundstück abseits der großen Zentren gekauft, eine Hütte errichtet, unterkellert, Wasser- und Essensvorräte für mehrere Monate gebunkert, dazu Notstromaggregate und Dieselvorräte. Sie waren darauf eingerichtet, sich beim ersten Anzeichen des Zusammenbruchs der öffentlichen Ordnung durch die Implosion des Weltfinanzsystems in diese Hütte zurückzuziehen und darauf zu warten, dass die Dinge sich stabilisierten. Auf meinen Einwand hin, dass sie für einen solchen Fall wohl nicht darauf hoffen dürften, erstens unentdeckt und zweitens dann auch noch unbehelligt zu bleiben, wenn aus der Steckdose kein Strom, aus dem Hahn kein Wasser und aus dem Supermarkt kein Essen mehr käme, klärten sie mich über ihre weiteren Vorsichtsmaßnahmen auf. Sie hatten sich, doch da interpretiere ich nur ihre Andeutungen, auch mit Handfeuerwaffen und Nachtsichtgeräten ausgestattet und für den Fall der Fälle, dass gerade Letztere den Geist aufgeben würden, war alles davon auch gleich mehrfach vorhanden.

Mir stockte irgendwann der Atem. Als alter Pfadfinder habe ich durchaus etwas für Lagerfeuerromantik und Burgenbauen übrig. Aber davon auszugehen, dass die Welt wirklich in einem bislang kaum gekannten Maße erschüttert werden würde, und dabei dennoch darauf zu hoffen, einem solchen Sturm mit Nachtsichtgeräten und Doseneintopf dauerhaft trotzen zu können, das war und ist, wie schon erwähnt, Pfadfinderromantik und sonst nicht viel. Der Clou dabei – und das nötigt mir dann doch Respekt ab –, sie rechneten auch damit, dass Gold und Silber an die Stelle der bisherigen Währungen treten würden, und machten deshalb, zumindest behaupteten sie dies, einen Goldhandel auf.

Wie wir alle wissen, wurde der Untergang der Welt mal wieder vertagt – der nächste steht dann am 21.12.2012 an[66] –, aber eine Anlage in und damit auch der Handel mit Gold war in dieser Zeit eine ziemlich schwungvolle Angelegenheit und es wäre schon verwunderlich, wenn die beiden sich mittlerweile nicht auch noch eine kleine Mauer rund um ihr Waldgrundstück und dazu ein paar Packungen Astronautennahrung zusätzlich leisten könnten.

Abseits der Tatsache, dass auch eine falsche Analyse wenigstens manchmal zu richtig guten Ergebnissen führen kann, ist die Handlungsweise dieser beiden jungen Männer auch in Hinblick auf die finanzielle Lebensdimension ein Paradebeispiel für das glatte Gegenteil einer vernünftigen Zukunftsperspektive. Es bleibt jedem unbenommen, immer vom schlimmsten Fall auszugehen und deshalb mit dem eigenen Untergang per Autounfall in der nächsten Woche, dem der Menschheit in den nächsten Jahren, mit exorbitanter Inflation oder eben dem Zusammenbruch des Weltfinanzsystems zu rechnen.[67] Aber eine solche Herangehensweise ist einfach nicht zielführend. Wer das tut, der kann in meinen Augen auch morgens im Bett liegen bleiben, weil ihm ja tagsüber der Himmel auf den Kopf fallen könnte.

Gerade wir Deutschen scheinen in die Vorstellung verliebt zu sein, dass wir für den schlimmsten Fall vorsorgen. Die einen freuen sich dann jeden Tag darüber, dass es nicht so weit gekommen ist, die anderen grämen sich, weil die Wahrscheinlichkeit dafür, dass es morgen so weit sein wird, mit jedem Tag, an dem der schlimmste Fall nicht eintritt, jetzt noch höher anzusiedeln sein muss. Nirgendwo sonst werden pro Kopf mehr Versicherungen abgeschlossen,[68] rechnen mehr Menschen mit einer totalen Geldentwertung, einer Währungsreform oder mit dem Verlust des Arbeitsplatzes und der damit verbundenen Einbuße von Finanzierungsmöglichkeiten. Gleichzeitig dürfte es kaum ein Land auf dieser Welt geben, in dem der Einzelne von Staats wegen besser gegen Schicksalsschläge wie eben den Verlust des Arbeitsplatzes oder Krankheit abgesichert ist. Dieses Verhalten macht einfach keinen Sinn. Das Leben ist eine der schwierigsten und risikoreichsten Angelegenheiten auf diesem Planeten überhaupt und endet ganz sicher mit dem Tod. Aber alles darauf auszurichten, das reduziert nicht nur die Lebensqualität dramatisch, sondern ist meiner Meinung nach auch schlicht Unfug. Risiken in bekanntem und genau definiertem Ausmaß einzugehen und mit ihnen gut zu leben, das muss auch und gerade in allen finanziellen Dingen einfach Teil des Lebens sein. Manchmal fällt bei aller Mühe, die man sich im Vorfeld gegeben hat, eine solche Situation zu vermeiden, der Kurs der Aktie im Depot trotzdem und manchmal ist eine Investition teurer als geplant. Ja, und manchmal ist es einfach eine Frage der Lebensqualität, von seinen Konsum-Grundsätzen abzuweichen, um sich oder den Seinen etwas zu gönnen. Der Versuch, auch solche Dinge mit 100-prozentiger Sicherheit auszuschließen, endet ganz sicher nicht im Reichtum.

■ Das ist richtig wichtig

Nur die Bereitschaft, überschaubare Risiken einzugehen, etwas zu wagen, kann zu einer wenigstens partiellen, zeitlich limitierten materiellen Unabhängigkeit, meiner Definition von »Reichtum«, und damit auch zu einem in dieser Dimension glücklichen Leben führen. Denn genau das soll unser Geld für uns ja leisten und genau das ist in meinen Augen die wichtigste Funktion von Geld. Oder?

Der schlimmste anzunehmende Fall, den gibt es zweifelsohne, der wird bestimmt auch hin und wieder eintreten. Und das dürfte dann in allen finanziellen Fragen für die Betroffenen ziemlich sicher alles andere als eine angenehme Sache sein. Aber die Wahrscheinlichkeit für den Eintritt dieses »worst case« wird im Regelfall exorbitant überschätzt. Sie ist im Normalfall viel kleiner, als die meisten unter uns das annehmen. Sie darf finanzielle Überlegungen nicht maßgebend beeinflussen.

Genau deshalb gehe ich in diesem Buch auch nicht auf »worst-case«-Szenarien ein. Natürlich ist es theoretisch nicht ausgeschlossen, dass Siemens pleitegeht oder die Bundesrepublik Deutschland sich in ihre Bestandteile auflöst und damit Garantien etwa für eine Riester-Rente bedeutungslos werden. Aber wenn es wirklich so kommt, dann werden wir uns alle miteinander eher die Frage nach dem nächsten Mittagessen als nach dem Kontostand oder dem Verbleib des Depotauszugs stellen.

27 Sparpläne sind unverzichtbar

Das Beste in der Überschrift ist das Wort »Plan«. Wer abnehmen will, braucht einen, wer Muskeln aufbauen will, ebenfalls, und wer seine zwischenmenschlichen Fertigkeiten für verbesserungsbedürftig hält, der sollte sich dafür tunlichst auch einen Plan zulegen. Und, weil alles in diesem Leben nun einmal genau so und nicht anderes funktioniert, wird, wer glaubt, den Weg zur finanziellen Unabhängigkeit planlos angehen zu können, vor allem eines sein: erfolglos.

Typischerweise werden Sparpläne von Banken an ihre Kunden verkauft. Jeden Monat wird dann vom Kundenkonto ein zuvor vereinbarter Betrag abgebucht und in eine zuvor genau vereinbarte Anlageform investiert. Das Geld landet also im Regelfall in einem hauseigenen Immobilien-, Renten-, Aktien-, Hedge- oder allen möglichen Formen von Mischfonds der Bank, in einer Kapitallebensversicherung o. Ä. mehr. Wieder hat alles seinen beachtlichen, aber kaum offen sichtbaren Preis.

Dabei braucht man für einen Sparplan gar keine Banken. Den kann jeder mit sich selbst vereinbaren. Die Vorteile: Erstens sind die Kosten geringer und zweitens ist die Flexibilität größer. Wer die Anlageform wechseln will, der tut das einfach und muss damit niemanden beauftragen. Die Nachteile: Die relativ kleinen monatlich gesparten Gelder können nicht immer gleich in einen Fonds o. Ä. investiert werden, wie das bei einer Bank geschieht, weil die Kosten dafür zu hoch wären. Außerdem braucht es für einen »Sparplan mit sich selbst« vor allem eines: Disziplin. Die Disziplin, den Sparplan auch wirklich umzusetzen und sich nicht jeden Monat aufs Neue eine Ausnahme zu gönnen. Das Geld für den »Sparplan mit sich selbst« muss also genauso unerreichbar klassifiziert werden, wie es das bei einem »offiziellen«, gekauften Sparplan auch wäre. Aber das ist zu schaffen, indem man das Sparplangeld monatlich auf ein anderes Sparkonto umbucht oder damit nach einer bestimmten Zeit beispielsweise wieder eine Anleihe des Bundes kauft.

Ein Sparplan fordert Verzicht, Einschränkung und ein realistisches Ziel, damit man weiß, warum gespart wird. Aber er ist nicht verzichtbar.

Was ist bei bestehenden Sparplänen zu tun?

Im Regelfall wird es erstens nicht ganz einfach und zweitens nicht ganz billig sein, aus einem bestehenden Sparplan auszusteigen. Schließlich haben Sie sich zu einem bestimmten Zeitpunkt für eine bestimmte Zeit vertraglich gebunden. Ein Sparplan, den Sie mit einer Bank abgeschlossen haben, ist aber alles andere als etwas grundsätzlich Schlechtes. Das gilt vor allem dann, wenn er die angestrebten und angegebenen Renditeziele bislang erreicht hat. Deshalb: Behalten Sie ihn. Unter den im Regelfall gegebenen Rahmenbedingungen dürfte das die einzig sinnvolle Option sein.

Anmerkungen zu Bausparverträgen

Bausparverträge werden staatlich, unter anderem durch die Wohnungsbauprämie gefördert. Ziel des Bausparers ist es, an einen günstigen Kredit etwa für den Bau oder den Erwerb einer Immobilie zu gelangen. Im Regelfall wird der Effektivzins eines solchen »Bauspardarlehens« unter den gerade marktüblichen Bedingungen für Nicht-Bausparkunden liegen.
Ein Kunde, der mit einer Bausparkasse einen Bausparvertrag abschließt, spart zunächst über einen bestimmten Zeitraum monatlich einen bestimmten Betrag an und kann dann nach Ablauf einer Ansparphase ein Darlehen beantragen. Dieses Bauspardarlehen wird nicht unmittelbar, sondern erst dann »zugeteilt«, wenn die »Bewertungszahl«, deren Ermittlung höhere Mathematik ist, ein bestimmtes Maß erreicht hat. Die Darlehenssumme bemisst sich aus der Differenz zwischen dem schon angesparten Betrag und der vereinbarten »Bausparsumme«.
Was mir wichtig erscheint:

1. Die Abschluss- und Kontoführungskosten sind hoch.
2. Ein Bausparvertrag ist für die meisten die einzig gangbare Möglichkeit, sich bis zu einem gewissen Maß der allgemeinen Zinsentwicklung zu entziehen. Vor allem dann, wenn die Zinsen massiv steigen, ist das von Vorteil.
3. In Phasen niedriger und deutlich sinkender Zinsen können die Vorteile eines Bauspardarlehens auf nahe null schrumpfen. Doch die Zeiten liegen wahrscheinlich hinter und stattdessen …
4. … Zeiten steigender Zinsen vor uns, in denen ein Bausparvertrag von besonderem Vorteil sein könnte. Aber das trifft nur bedingt zu. Denn die für die Zuteilungszeit maßgebliche Bewertungszahl ist auch von der Zahl derjenigen abhängig, die gerade ein Darlehen abrufen wollen – und die wird im Regelfall in Zeiten steigender und hoher Zinsen vergleichsweise groß sein. Die Zuteilungszeit kann folglich im Zweifel sogar Jahre betragen, in denen dann oft genug keineswegs günstige Zwischenfinanzierungen nötig werden können. Wer »sein« Haus entdeckt hat, der wird den Verkäufer nicht beliebig lange hinhalten können, und auch Handwerker werden ihr Zahlungsziel nicht deshalb verlängern, weil dem Bauherrn das Bauspardarlehen noch nicht zugeteilt wurde.
5. Es gibt meines Erachtens keinen Grund, Bausparverträge, also »Bausparpläne«, per se abzulehnen. Aber allein glückselig machend sind sie ganz gewiss nicht. Sie können ein Standbein einer Finanzierung sein, mehr nicht.

Eine bittere Anmerkung

Wer kein Geld sparen kann, weil es hinten und vorne sonst nicht reichen würde, der hat erst einmal keine Chance, das Ziel »Reichtum« zu erreichen. Es sei denn, er hat einen Haufen Glück, eine Erbtante o. Ä. und damit lauter Dinge, die nicht in seinen eigenen

Händen liegen und nicht planbar sind. Ich weiß, dass das ziemlich frustrierend ist bzw. sein muss. Aber ich kenne dafür keine Lösung.

- **Das ist richtig wichtig**

Ein Sparplan. Der ist die Antwort auf die Frage, wie viel Geld Sie jeden Monat über welche Zeit mit welchem Ziel zurücklegen wollen.

- **Das kann richtig teuer werden**

Ohne Sparplan wird's nicht teuer – aber das Ziel »bedingte Unabhängigkeit«, wie ich sie eingangs definiert habe, bleibt höchstwahrscheinlich unerreichbar.

28 Versichern Sie Ihr Leben

Einer der skurrilsten Momente meines bislang knapp 47 Jahre währenden Gastspiels auf diesem Planeten erlebte ich Mitte der 1980er-Jahre in einem Hanauer Hotel. Tragende Rollen darin spielten eine handgefertigte, aber potthässliche Uhr einer Schweizer Mini-Manufaktur, ein vor Selbstbewusstsein berstender Vokuhila und eine diesem Möchtegerngott ergebene Gemeinde von Seminarteilnehmern.

Wir hatten alle miteinander ein Wochenende geopfert, um im Schnellverfahren zu lernen, wie wir am besten unseren Freunden, Bekannten, deren Freunden und Bekannten, also allen, die nur irgendwie in Reichweite waren, eine Lebensversicherung verkaufen oder besser: aufschwätzen. Wir wurden eingepeitscht, von der missionarischen Zielsetzung unseres Tuns überzeugt,

und als wir gegen Ende der Veranstaltung alle miteinander zu dem Schluss gekommen zu sein schienen, dass unser Tun nichts anderes als reinster Altruismus sei, da wollte der »Meister« uns noch zeigen, wie schön es ist, Geld zu verdienen oder es auch einfach nur zu haben. Er nahm seine Uhr vom Handgelenk, erzählte uns alle möglichen, unglaublich spannenden Geschichten zu dieser Uhr, nannte den Neupreis, der mit rund 15 000 DM für eine Armbanduhr schon sehr stolz war, sah in die von ihm erwarteten glänzenden Augenpaare und reichte dann mit Grandezza sein Wahnsinnsteil in die Runde. Alle sollten die Gelegenheit haben, es zu betatschen und zu bestaunen.
Ich wähnte mich minutenlang im falschen Film und hatte nur noch Augen für die Menschen aller Couleur, die diese Insignie des Reichtums von allen Seiten bestaunten. Das waren erwachsene Menschen und dennoch hatten sie nichts Besseres zu tun, als der Uhr eines dahergelaufenen Windeis mit nervösen, feuchten Händen die Ehre zu erweisen? Genau in dieser Minute begann mit einiger Sicherheit die Karriere des erfolglosesten Versicherungsvertreters aller Zeiten: Ich habe niemals auch nur einen einzigen Vertrag »geschrieben«[69] und dem Laden nach wenigen Tagen den Rücken gekehrt. Aber genau das erfüllt mich noch heute mit Stolz.
Ich habe dennoch viel gelernt bei dieser Aktion. Beispielsweise bekam ich einen Einblick in das Prämiensystem dieser Versicherung. Sie schüttete damals für einen Standardvertrag, im Grunde eine Kapitallebensversicherung mit einer monatlich vom Versicherten zu zahlenden Prämie von 100 DM, rund 3500 DM Provision an ihre Vertriebsorganisation aus. Nur um das zu verdeutlichen: Bis also alle Beteiligten, vom armen Würstchen direkt an der Front bis hin zum größten Obermufti ihren unmittelbaren Anteil am Verkaufserfolg eingesackt hatten, war sage und schreibe rund das 35-Fache der monatlichen Prämie schon wieder weg. In anderen Worten, fast die gesamten ersten drei Jahre machte der Käufer nichts anderes, als die Provisionen sei-

ner Verkäufer zu zahlen. Um es mal vorsichtig zu beschreiben: Das war zweifelsohne ziemlich ernüchternd.
Ich bin nun alles andere als ein Insider im Versicherungsgeschäft und dieses Buch will auch ganz gewiss nicht die Versicherungsunternehmen erst alle in einen Topf stecken und dann in die Pfanne hauen. Aber selbst wenn der typische Versicherungsvertreter heutzutage mit Sicherheit eine weit bessere Ausbildung haben dürfte, die nicht nur aus dem Besuch eines einzigen Wochenendseminars besteht, das damals mehr der Motivation denn der Vermittlung von Wissen diente: Die gezahlten Provisionen für Kapitallebensversicherungen – nur um die geht es in diesem Abschnitt – sind nach wie vor erstaunlich hoch und übersteigen vielerorts nach wie vor mein Vorstellungsvermögen.
Doch damit zu einem Problem, mit dem sich die Lebensversicherungsgesellschaften in den letzten Jahren zusehends konfrontiert sahen. Typischerweise legen sie das Geld, das ihnen anvertraut wurde, mehrheitlich in deutschen Pfandbriefen, Bundes- oder auch Anleihen anderer Länder der Eurozone, aber auch in Immobilien und ein wenig in Aktien an. Sie haben ja den Auftrag, die gesetzliche Mindestrendite von 2,25 Prozent[70] und zusätzlich den Überschussanteil zu erwirtschaften. Das schaffen sie nur, wenn sie entweder für ihre festverzinslichen Anlagen eine signifikant höhere Rendite bekommen als die erwähnten 2,25 Prozent,[71] oder aber, wenn irgendetwas anderes von dem, was sich in ihrem Portfolio befindet, eine entsprechend höhere Rendite abwirft oder im entsprechenden Ausmaß im Wert steigt.
Das Problem der letzten Jahre war, dass es genau das so gut wie nicht gab bzw. genau das nicht geschah! Bei einer durchschnittlichen Rendite von 2 Prozent für 10-jährige Bundesanleihen[72], wie das im Sommer 2010 der Fall war, durch die seit mehr als 10 Jahren unterm Strich nicht steigenden Kurse für Aktien und kaum veränderten Immobilienpreise braucht es schon den ganzen Mann und die ganze Frau, um überhaupt die Mindestrendite zu erwirtschaften. In dieser Zeit Überschussbeteiligungen

von zum Beispiel zusätzlichen 2 Prozentpunkten in Aussicht zu stellen, ist in meinen Augen hochproblematisch. Mein Realitätssinn tut sich damit ziemlich schwer. Sollten sich die Verhältnisse nicht binnen Kürze entscheidend ändern, Zinsen-, Finanz- und Immobilienmärkte oder wenigstens einer dieser Märkte spürbar steigen, dann würde es an ein mittelprächtiges Wunder grenzen, wenn die genannten Zielrenditen von den Lebensversicherern flächendeckend[73] eingehalten werden können.
Darüber hinaus müssen die Erträge aller nach dem 01.01.2005 abgeschlossenen Lebensversicherungen, sogenannte »Neuverträge«, im Gegensatz zu den davor abgeschlossenen »Altverträgen«, am Ende der Laufzeit versteuert werden. Auch das spricht nicht unbedingt für Kapitallebensversicherungen.
In meinen Augen gibt es trotzdem keine so richtige Alternative zu einer Kapitallebensversicherung für die eigene persönliche Altersvorsorge. Eine solche Versicherung ist zwar alles andere als allein glückselig machend und sollte daher nur ein Baustein der privaten Lebensversicherung, aber eben auch nicht mehr sein.

■ Das ist richtig wichtig

Schließen Sie eine Kapitallebensversicherung nur bei einer Gesellschaft ab, die seit Jahrzehnten bewiesen hat, dass sie mit geringen Kosten auskommt und hohe Renditen erzielt. Im Regelfall wird das nicht die Versicherung sein, die Ihnen von einem Fußballkumpel angeboten wird. Hier abzulehnen, mag die Freundschaft spontan etwas überschatten. Aber spätestens, wenn's ums Geld geht, und zwar das aller Beteiligten, dann hört die Freundschaft auf. Es gibt einfach zu wenig gute und viel zu viele schlechte Lebensversicherer. Auch hier ist das Internet ein Segen. Dort sind reichlich Untersuchungen zu diesem Thema zu finden.

29 Riestern bringt nichts

Riestern Sie! Wenn Ihnen Vater Staat schon mal Geschenke machen will, dann nehmen Sie sie an! Auch wenn es zunächst banal zu sein scheint: Tun Sie's vor allem dann, wenn das Ereignis, mit dem die staatliche Subvention verbunden ist, sehr wahrscheinlich auch eintreten wird. Wer also glaubt, das Rentenalter nicht zu erreichen, für den macht Riester keinen Sinn. Für alle anderen schon.

Natürlich ist auch hier Ihre Bereitschaft gefragt, Geld eigeninitiativ fürs Alter zurückzulegen, und natürlich ist das gerade dann, wenn sie sich für einen Fondssparplan o. Ä. entscheiden, mit den an anderer Stelle beschriebenen Risiken wie fallenden Aktien verbunden. Aber wenn ich zwei Fliegen mit einer Klappe schlagen kann – (1) Vorsorge fürs Alter und (2) subventioniert vom Staat –, dann spricht wenig dafür, das Unabdingbare, die Vorsorge fürs Alter, nicht mit dem Angenehmen, der staatlichen Zulage, zu verbinden.

Vorbehalte gegen das Riestern gibt es genügend und nicht jeder ist wirklich völlig unbegründet. So steht zu vermuten, dass sich die Anbieter den Abschluss eines solches Vertrages fürstlich entlohnen lassen. Aber all das verblasst gegen ein jährliches Geschenk von 154 Euro[74] durch Vater Staat. In 20 Jahren sind das selbst im einfachsten Ohne-Kind(er)-Fall nominal 3080 Euro und damit annähernd das Doppelte des deutschen Nettodurchschnittsmonatseinkommens im Jahr 2009. Der Betrag ist zwar ohne Zweifel nicht unbedingt der Wahnsinn, aber dafür kann man schon das eine oder andere Mal ganz nett essen gehen – wenngleich auch erst dann, wenn der Vertrag ausgezahlt wird. Und wie schon an anderer Stelle erwähnt: Es sind nicht immer die Riesensummen, die dazu beitragen, zu Geld zu kommen. Kleinvieh macht auch Mist und viel Kleinvieh macht sogar oft genug einen stattlichen Haufen Mist.

■ Das ist richtig wichtig

Riestern Sie! Nehmen Sie Geschenke an, solange es sie gibt. Zudem werden Sie wenigstens das zurückbekommen, was Sie nominal eingezahlt haben. Das kann zwar auch herzlich wenig sein, vor allem dann, wenn die Preissteigerungsraten wieder richtig anziehen oder gar inflationsähnliche Tendenzen aufkommen, aber ganz ohne Risiko geht's einfach nicht.

30 Die gesetzliche Rentenversicherung ist ihr Geld nicht wert

Es gibt Vergleiche der Rendite privater Altersvorsorge im Vergleich zur gesetzlichen Rentenversicherung wie Sand am Meer. Im Großen und Ganzen unterstellen alle die gleichen Vergangenheitsdaten, extrapolieren diese unter Berücksichtigung der erwarteten Bevölkerungsentwicklung in die Zukunft und kommen dann alle mehr oder weniger zu dem gleichen Ergebnis: Die gesetzliche Rentenversicherung taugt wenig bis nichts.
Ganz ohne Zweifel: Der je nach Modellrechnung sogar leicht negative Erwartungswert der Rendite jedes in die gesetzliche Rentenversicherung »eingezahlten« Euro ist nach den derzeitigen Modellrechnungen wirklich jämmerlich. Der demografische Wandel – das ist politisch korrekt für die mittlerweile Jahrzehnte währende Unlust der Europäer, Kinder zu bekommen – wird ihr in Zukunft noch weit mehr als derzeit ohnehin schon zu schaffen machen. Das ist so. Aber dabei wird ein in meinen Augen absolut alles entscheidender Faktor außer Acht gelassen: die Sicherheit der Auszahlung! Rentenanwartschaften gegen die Bun-

desrepublik Deutschland und ihre Rechtsvorgänger haben Währungsreformen, Wirtschaftskrisen und Kriege weitestgehend unbehelligt überstanden. Und auch wenn es die Krux jedweder Prognose ist, dass die Zukunft immer unbekannt sein wird, so scheint mir doch das Blüm'sche Motto auch für die nächsten Jahrzehnte nicht gar so falsch zu sein: »Die Rente ist sicher!«
Alle, die in Deutschland irgendetwas zu sagen haben und haben werden, werden zu allen Zeiten Himmel und Hölle in Bewegung setzen, um genau das zu gewährleisten. Die Rente wird erst dann nicht mehr sicher sein, wenn die Welt hier in Mitteleuropa mehr im Chaos versinkt als zum Beispiel zu Zeiten des Zweiten Weltkrieges. Aber dann wird wahrscheinlich auch ein gut bewachtes Kartoffelfeld mehr wert sein als alles Geld der Welt.

■ Das ist richtig wichtig

So schlecht wie ihr Ruf ist die gesetzliche Rentenversicherung, vor allem unter dem Aspekt der Auszahlungssicherheit, bei Weitem nicht. Es macht, völlig nüchtern beurteilt, unbedingt Sinn, auf ihr einen Pfeiler der persönlichen finanziellen Altersvorsorge aufzubauen.

31 Es gibt keine Patentrezepte

Die klassische Expertenrunde in Talkshows, Podiumsdiskussionen etc. verhält sich ungefähr so: Anfangs wird lang und ausführlich dargelegt, wie man zum Beispiel am besten gegen überflüssige Pfunde vorgeht, parallel dazu erfolgt meistens schon ein heftiger Disput unter den jeweiligen Diskutanten, aber dann, wenn der Moderator anfängt, das Kinn in die Hand zu stützen und Sätze

zu formulieren wie: »Jetzt lassen Sie uns doch mal konkret werden. Was macht Herr XYZ jetzt am besten?«, erhält die Auskunftsfreudigkeit aller Anwesenden einen herben Dämpfer. Im Regelfall werden dann Allgemeinplätze mit dem Hinweis wiederholt, dass es keine Patentrezepte gäbe, man die jeweilige individuelle Situation besonders berücksichtigen müsse und man im Übrigen dazu raten würde, einen Experten aufzusuchen. Ich habe bei Talkshows immer den Eindruck, dass man sich um den konkreten Ratschlag herumdrücken will, um nicht allzu viel Widerspruch auszulösen. Das mag aus der Sicht eines »Talkers« verständlich sein. Aber ob er damit seinen Zuschauern gerecht wird, das darf wohl mit Fug und Recht in Zweifel gezogen werden.
Ich will solches hier nicht tun. Ich denke wirklich, dass es im Umgang mit Geld für jedermann gültige und nachvollziehbare Patentrezepte gibt. Regeln, die einfach für alle, immer und überall gelten. Viele davon haben Sie schon auf den vorausgehenden Seiten gefunden. Aber hier sind noch ein paar, die als grundsätzliche Voraussetzungen für den Umgang mit Geld angesehen werden können.

Patentrezept Nr. 1: Information

Nur wer weiß, was er wirklich tut, nur der hat eine Chance im Finanzdschungel. Wissen ist von überragender Bedeutung.

Patentrezept Nr. 2: Disziplin

Wer die Regeln kennt, der muss sie auch anwenden, und zwar weit konsequenter, als er das im Alltag tun würde. Wer an den Finanzmärkten fünfe auch mal gerade sein lässt, der kann eine vor den Latz geballert bekommen, dass er sich davon vielleicht sogar zeitlebens nicht mehr wird erholen können.

Patentrezept Nr. 3: Je eher, desto besser

Ich bin der festen Überzeugung, dass es auch noch in späteren Lebensjahren möglich ist und absolut Sinn macht, seine Finanzen neu zu ordnen und auch einen völlig neuen Zugang zu Geldangelegenheiten zu finden. Wer will, Spaß und Lust daran hat und sich das zutraut, der kann zum Beispiel auch im dritten Lebensdrittel noch anfangen, Sparpläne umzusetzen oder sich mit der Börse zu befassen. Aber schon im ersten Lebensdrittel, am besten schon als Schüler, damit zu beginnen, das ist zweifelsohne besser, fällt wahrscheinlich leichter und führt auch zu besseren Ergebnissen. Allein schon, weil's zum »Geld machen« eben auch Zeit braucht.

Dazu gehört Patentrezept Nr. 4: Sparen

Wer kein Geld hat, der kann sein Geld auch nicht für sich arbeiten lassen und der kann zum Beispiel auch kein Geld in Aktien investieren. Das erste Geld kann aber nur erspart (oder geerbt) werden. Es wird nicht plötzlich wie Manna vom Himmel fallen. Jeden Tag einen Euro weniger ausgeben als geplant – das wäre ein guter Anfang.

Patentrezept Nr. 5: Wagen

Wer es nicht wagt, irgendwann seine Hand auszustrecken und, wenn vielleicht auch ein wenig zaghaft, seinem Traummann/seiner Traumfrau zu zeigen, was sie/er ihm/ihr bedeutet, der wird so schnell auch keinen Traumpartner an seiner Seite haben. Irgendwann muss man einfach Farbe bekennen, auch auf die Gefahr hin, enttäuscht zu werden. In allen Finanzfragen ist es nicht anders. Irgendwann ist immer das erste Mal und irgendwann wird man anfangen müssen – mit dem ersten Kauf einer Aktie oder mit der Unterschrift unter eine Lebensversicherung.

Patentrezept Nr. 6: Frusttoleranz

Höchstwahrscheinlich wird nicht immer gleich alles von Anfang an klappen. Aber davon darf man sich einfach nicht entmutigen lassen. Gerade dann gilt es, weiterzumachen, zu lernen und es beim nächsten Mal besser zu machen – so wie im »richtigen« Leben abseits aller Geldfragen auch.

Ganz klar muss aber auch sein, dass Patentrezepte für jedermann nur einen Teil der Fragen abdecken können. Daneben wird es für jeden Einzelnen immer individuelle Lösungen geben müssen. Deshalb gibt es keinen universellen Weg zum finanziellen Glück. Dafür ist schon die nervliche Belastbarkeit jedes Einzelnen viel zu unterschiedlich. Wo der eine angesichts von ein paar Anleihen in seinem Wertpapierdepot schon schlecht schläft, langweilt sich der andere mit dem gleichen Portfolio. Ja, selbst das, was der beste Freund mit Erfolg macht, kann bei einem selbst zu großen Problemen führen.
So richtig klar geworden ist mir das erst an einem äußerst durchschnittlichen Herbsttag in einer der beiden im Süden an Deutschland angrenzenden Alpenrepubliken. Ich war zu einem Vortrag eingeladen und sollte über die allgemeine Verfassung der Finanzmärkte aus meiner Sicht referieren. Die Resonanz war sehr positiv, Publikum und ich fanden ziemlich gut zueinander und deshalb entwickelten sich nach dem Vortrag angeregte Gespräche im Foyer des Hotels.
Zwei Freunde, die sich – wie sich später herausstellte – fast ein ganzes Leben lang begleitet hatten, und ihre Ehefrauen gesellten sich zu mir und erzählten mir das, was sie an diesem Abend wohl am meisten bewegte: Beide verfügten über die gleichen

Prognosen, die gleichen Ratgeber und das gleiche Handwerkszeug. Aber nur der eine verdiente damit an der Börse Geld. Der andere verlor nach seinen eigenen Aussagen zumindest keines. Ich war zunächst irritiert, fragte ein wenig nach, wie sich denn die beiden Freunde diesen gewaltigen Unterschied ihrer Performance erklärten, ließ meinen Blick über die beiden streifen – und dann war es mir relativ schnell klar: Der eine, der weitaus Rüstigere, verdiente Geld. Er hatte die Nerven, eine Aktie auch mal durch ein Tal hindurch zu halten und Regeln wie die vom Stoploss[75] zu beachten. Der andere war von wesentlich schwächerer Konstitution. Was den Unterschied machte, das war ihre körperliche Verfassung und damit wohl etwas, was man nicht sofort mit Geldfragen in Verbindung bringen würde.

■ Das kann richtig teuer werden

Die genannten Rezepte zu missachten, aber auch die eigenen Fähigkeiten und Möglichkeiten nicht zu bedenken oder der Wunsch, andere unbesehen kopieren zu wollen. Die anderen sind anders – und man selbst auch.

32 »Sparen« ist gleich sparen

In jedem Konsumtempel wird man versuchen, Sie linksherum durch die heiligen Hallen zu lotsen. So richtig weiß zwar niemand, warum das so ist, aber die meisten Menschen fühlen sich mit einer Marschrichtung gegen den Uhrzeigersinn weit wohler als mit einem rechtsdrehenden Laufmuster. Wer sich wohlfühlt, der kauft mehr als einer, der das nicht tut. Die Gänge zwischen den Regalen sind für Sie extra breit gehalten. Wären sie zu eng, dann würde

das Ihren Fluchtreflex auslösen und ein Flüchtender hat beim Einkauf nun einmal nicht so viel Spaß wie einer, der sich die mögliche Jagdbeute in aller Ruhe ansehen kann. Toilettenartikel aller Art serviert man Ihnen bevorzugt in blauen und weißen Verpackungen, weil Sie damit eher porentiefe Hygiene assoziieren als mit Brauntönen. Preise werden erst einmal ziemlich hoch ausgezeichnet, damit man sie zu gegebenem Anlass drastisch reduzieren kann. Dann sind sie zwar noch immer nicht billig, aber einen Artikel, von dem schon mal 30 Prozent nachgelassen wurden, kauft man sich einfach leichter als einen, der schon immer mit dem reduzierten Preis, aber ohne Nachlass-Schild ausgezeichnet war. Und klar – das kennen vor allem alle Mütter – an der Kasse lagern genau in Kinderaugenhöhe die Artikel, die Sie Ihren Kleinen manchmal nur zum Preis von viel Unruhe, einer Schreierei oder dem Kainsmal der Rabenmutter abschlagen können. Das ist alles Verkaufspsychologie, mit der Sie reichlich bewusst gesteuert werden und die Ihre Ausgabebereitschaft steigern soll. Ich bin mir noch nicht einmal sicher, ob das beklagenswert ist. Wer will, der kann sich informieren und damit diesen Fallen ausweichen.
Aber vielleicht ist diese Einschätzung auch eine sehr männliche. Allein das Betreten eines Kaufhauses, das nicht ein Heimwerkermarkt ist, löst bei mir im Regelfall schon Vorstufen von Schweißausbrüchen aus und nach geschätzten 15 bis 20 Minuten stellen sie sich bei mir bislang zeitlebens auch tatsächlich ein. Da war es völlig egal, ob mich die Hand meiner Mutter leitete oder ob ich im späteren Leben versuchte, nicht selten durch wilde Versprechungen für die Stunden danach geködert, möglichst locker und mit großer Frustrationstoleranz an der Seite meiner besseren Hälfte halbe Ewigkeiten durch solche Tempel des (Konsum-)Terrors zu stolpern.
Was das Ganze mit »Sparen« zu tun hat? Einen Augenblick – es ist gleich so weit. Eines schönen Tages in meinen jüngeren Jahren schlenderte ich also sehr zwanglos und, nun ja, von Herzen begeistert durch ein Heidelberger Kaufhaus. Meine Herzdame

war anfänglich in Höchstform, aber weil sich der Jagderfolg einfach nicht einstellen wollte, sank auch ihre Laune. Sie war kurz davor, ein paar Socken zu kaufen, was sie immer dann tat, wenn sich kein Beutestück hatte erlegen lassen und dem Eindruck entgegengewirkt werden musste, dass die letzten Stunden völlig vergebens und nutzlos verstrichen waren.

Doch genau in diesem letzten verzweifelten Moment nahte die Erlösung – ihre und meine. Ihre, weil ihr Feldzug endlich Beute versprach, und meine, weil ein gut gelauntes Ende des Elends in Reichweite rückte. Über einem Wühltisch prangte ein großes Schild mit dem Slogan: »3 T-Shirts zum Preis von 2!« In meinen Augen hatte das auch seine Berechtigung. Die T-Shirts hatten den Charme einer Männer-Doppelripp-Unterhose aus den 1970ern und waren, aber das ist eben nur die männliche Sicht der Dinge, selbst reduziert einfach zu teuer. Als ich versuchte, mich dem Problem mit der zaghaft vorgebrachten Feststellung zu nähern, dass die wunderbare Frau an meiner Seite in meinen Augen schon über reichlich T-Shirts verfüge, wurde ich über sehr grundsätzliche Dinge belehrt. Sie ließen es mir ratsam erscheinen, mich fortan mit solchen Anmerkungen zurückzuhalten. Es kam, wie es wohl kommen musste, die T-Shirts wurden gekauft, in den nächsten Wochen vergessen und wohl irgendwann nach meiner Zeit möglichst gesichtswahrend per Kleiderspende entsorgt.

Das Erstaunlichste für mich aber geschah ein paar Meter nach der Kasse. Dort stellte die T-Shirt-Jägerin für mich recht unvermittelt fest: »Schon wieder 30 DM gespart!« Diese Sichtweise war dann doch ziemlich neu für mich und machte aus mir wenigstens für ein paar Dutzend Sekunden einen ziemlich wortkargen Gesellen. Wer drei T-Shirts, regulärer Stückpreis 30 DM, zum Preis von zweien für 60 DM kauft, aber bestenfalls eines davon braucht, der hat Geld (30 DM) gespart? Hat der nicht 60 DM ausgegeben? Dem fehlen doch 60 DM in der Kasse und der hat nicht nach dem Kauf 30 DM mehr im Geldbeutel.

■ Das ist richtig wichtig

Ich denke, dass wir in allen Geldfragen ehrlich mit uns selbst sein müssen. Wer spart, der sollte danach mehr Geld zur Verfügung haben und nicht weniger. Worte prägen unser Bewusstsein. Wer ständig in dem oben beschriebenen Sinne »spart«, wird sich irgendwann wundern, warum er trotz des »Sparens« auf keinen grünen Zweig kommt. Wer Geld ausgibt, gibt Geld aus. Eine andere Sicht der Dinge ist verwegen.

■ Das kann richtig teuer werden

Sich durch die falsche Verwendung des Wortes »sparen« ständig selbst Sand in die Augen zu streuen.

33 Preise sind nicht verhandelbar

Sie sind es doch. Sie sind es schon immer gewesen und werden das auch in alle Zukunft sein. Denn das ist ja das Wesen unserer Wirtschaftsordnung: frei verhandelbare und eben nicht administrierte, also durch den Staat oder andere Institutionen vorgegebene Preise. Es liegt deshalb aber auch im Wesen des Wirtschaftens, dass die einen möglichst hohe Preise erzielen und die anderen möglichst kleine Preise zahlen wollen. Wichtig: Die Preisauszeichnungsschilder beispielsweise in einem Schuhgeschäft werden von denjenigen gemacht, die möglichst hohe Preis erzielen wollen, und nicht etwa von denen, die sie bezahlen sollen (das hätte seinen ganz eigenen Charme). Bis zu einem gewissen Grad sind Preise also in die Richtung der Vorstellungen der Anbieter der entsprechenden Waren und Dienstleistungen

verzerrt, auch wenn »unverbindliche« Preisempfehlungen, Material- und Personalaufwand, die Wettbewerbssituation, gesetzliche Rahmenbedingungen usw. nicht jeden beliebigen Spielraum lassen.
Es spricht einfach rein gar nichts dagegen, um im Beispiel zu bleiben, auch ein Schuhgeschäft wenigstens ein klein wenig als einen Basar zu begreifen und vor oder während des Kaufs die Verhandlungsmasse auszuloten. Entgegen aller Beteuerungen gibt es auch für die »ganz einfache« Verkäuferin oft zumindest kleine Preisspielräume oder die Chance, eine Kaufprämie wie zum Beispiel Schuhcreme obendrauf zu legen. Das läuft dann nach dem Motto, lieber ein nicht gar so gutes als gar kein Geschäft machen. Wenn sie mit ein klein wenig Charme und ohne Anspruch vorgebracht wird, dann genügt erstaunlich oft eine kurze Frage und die Schuhe verbilligen sich von zum Beispiel 129 auf 125 oder vielleicht sogar auf 120 Euro. Der »Lohn« für ein kurzes Gespräch von vielleicht gerade mal einer Minute, das wenigstens den Menschen, die ich bislang dabei beobachtet habe, sogar Spaß gemacht zu haben scheint – beiden! –, beträgt dann 4 bis 9 Euro oder auf eine Stunde hochgerechnet 240 bis 560 Euro. Besser geht es nicht.
Natürlich ist diese Hochrechung eine klassische Milchmädchenrechnung. Sie soll deshalb auch lediglich zeigen, was kleinste Einsätze bewirken können und dass 4 Euro alles andere als gering zu schätzen sind.
Zugestanden: Das wird nicht immer so gut klappen, und sollte dieses Buch wirklich Auflagezahlen jenseits von Gut und Böse erzielen und sich dann alle Leser auch nach diesem Ratschlag richten, dann könnte das richtig schwierig werden. Wenn alle das Gleiche tun wollen, dann wird es immer schwieriger, das Ziel zu erreichen. Das kann jeder leicht nachvollziehen, der allabendlich oder vor allem allfreitaglich versucht, sich über Autobahnen von seinem Arbeitsplatz nach Hause zu quälen. Aber die oben beschriebene Gefahr ist, glaube ich, eher gering einzu-

schätzen, und selbst wenn es so kommen sollte, so zeigt dennoch die Erfahrung, dass es von der Erkenntnis bis zur Umsetzung ein fürchterlich langer Weg ist. Nur die allerwenigsten Leser werden einen solchen Ratschlag wirklich dauerhaft umsetzen können oder wollen.

Gerade an diesem Punkt möchte ich eine für mich extrem wichtige Anmerkung machen: Wenn Sie verhandeln, dann verhandeln Sie mit Charme, mit Witz, spielen Sie ein wenig Theater, so wie Sie das eben auch auf einem Basar erwarten würden, und sehen Sie alles nicht als eine Frage von Sein oder Nichtsein. Ihnen gegenüber steht auch ein Mensch aus Fleisch und Blut, der nichts weniger mag als einen aufmüpfigen möglichen Kunden, der ihn seine Blasen an den Füßen noch mehr spüren lässt. Diesen Menschen müssen Sie für sich gewinnen – und das geht nur dann, wenn Sie so sind, wie's im ersten Satz dieses Absatzes steht.

■ Das ist richtig wichtig

Verhandeln Sie!

■ Das kann richtig teuer werden

Nicht verhandelt ist nicht teuer. Man spart nur nichts dabei und ohne sparen sind auch nur ganz wenige Menschen wirklich reich geworden.

34 Ehren Sie jeden Cent

Dass alle, die den Cent (»Pfennig«) nicht ehren, den Euro (»Taler«) nicht wert sein sollen, das weiß hierzulande wohl jedes Kind. Gemeint ist der gewiss ehrenwerte Ansatz, dass es manchmal vielleicht auch und gerade die kleinen Beträge sind, die am Ende ein kleines, mittelprächtiges oder gar großes Vermögen schaffen. Legendär sind Geschichten wie die des US-amerikanischen Schraubensammlers, der ein Leben lang vor allem Schrauben von Straßen, Plätzen etc. einsammelte, sie sortierte, weiterverkaufte und darüber zum Millionär wurde. Ich will mich auch nicht grundsätzlich gegen diese Gedanken aussprechen. Aber manchmal befällt mich die Vorstellung, dass beim Bücken nach jedem Cent der Blick für die großen Chancen verloren gehen könnte. Es könnte Buchhaltermentalität sein, sich nach jedem Cent zu bücken, um damit reich zu werden. Aber genau diese Spezies hat bislang nicht durch großen Reichtum von sich reden gemacht – vielleicht mit Ausnahme der Buchhalter von Al Capone oder anderer vergleichbarer »Größen«.

Ein Beispiel zur Erläuterung: Hinter vorgehaltener Hand wurde mir einst erzählt, dass zumindest die eine oder andere Abrechnung bzw. Erstattung privater Krankenkassen genau um das Maß zu gering ausfällt, für das sich eben nur Buchhalter auf einen Streit einlassen, für das sich also für den Normalbürger das Streiten nicht »lohnt«. Da 2,57 Euro, dort 4,38 Euro, dann mal wieder 5,13 Euro. Für das Erstreiten solcher Kleinbeträge ist die zusätzliche Nervenbelastung einfach zu groß, die Telefonanrufe zu nervig, Briefe lohnen den Aufwand nicht und die Wartezeit auf die Ausbesserung der Abrechnung ist einfach zu lang. Sollte es dieses Kalkül der Krankenkassen tatsächlich geben, dann ist es aus rein wirtschaftlichen Überlegungen[76] wirklich gar nicht so schlecht. Wenn jeder weiter erstrittene Euro 5 Minuten Nervenbelastung kostet und jede so verbrachte Stunde zwar 12 Euro bringt, aber auch den eigenen Herzinfarkt um eine gefühlte Woche näher rücken lässt, dann macht es einfach keinen Sinn, seinem Recht Geltung verschaffen zu wollen.

Das ist es, was es in meinen Augen zu unterstreichen gilt: Jeder unter uns hat nur endlich viel Kraft, Zeit und Nerven zur Verfügung. Die Kunst besteht darin, diese einzigartigen und unwiederbringlichen Ressourcen so einzusetzen, dass dabei möglichst viel herauskommt. Es mag dabei dem guten alten Gelehrtengeist widersprechen, sich nicht nach 5 Cent im übertragenen wie auch im tatsächlichen Sinn zu bücken, und es mag auch nicht den eigenen hehren Idealen entsprechen, zwischendurch auf sein gutes Recht zu verzichten, selbst wenn die andere Seite das ins Kalkül mit einbezieht. Aber nicht selten kann genau das vernünftig sein. Lieber eine Stunde beispielsweise mit der Frage »Kaufen« oder »Verkaufen« einer Aktie mit einer Renditeerwartung von 1000 Euro zubringen oder den Wintermantel von 189 auf 175 Euro runterhandeln, als eine Stunde in nervtötenden Warteschleifen herumhängen, sich von gut trainierten säuselnden Damen und Herren reizen lassen und als Lohn der Arbeit nach 6 Wochen 3,89 Euro mehr auf dem Konto wissen.

■ Das ist richtig wichtig

Wer sich im Kleinklein ergeht, der wird selten den Blick für die wirklichen Chancen des Lebens haben.

35 Denn Sie wissen, was Sie tun: Konsumkredite aufnehmen

Leider wissen das nicht so viele, wie das wirklich wissen sollten. Einen Konsumkredit[77] aufzunehmen, wird mancherorts sogar als schick oder Teil einer modernen unkomplizierten Lebensführung angesehen, bei der man heute auch dann unbedingt etwas will, wenn es mit Eigenmitteln finanziell schlicht nicht machbar ist. Dass die damit einhergehenden Altlasten und Langzeitfolgen unterm Strich die Gesamtkonsum- und Investitionsmöglichkeiten des Lebens der Betroffenen mehr einschränken als der heutige Verzicht, zunächst auf den Kredit und dann auf das, was der Begriff »Verzicht« landläufig impliziert, das ist nicht jedem bewusst. Der Konsumkredit von heute ist der sehr unfreiwillige, aber doppelte und 3-fache Verzicht von morgen. Wer sich selbst nur moderate finanzielle Freiräume verschaffen will, der darf einen Konsumkredit noch nicht einmal in Erwägung ziehen. Seine Zinsen können jeden Schuldner auffressen.

Bekanntlich führen viele Wege nach Rom und mit den Wegen zur finanziellen Unabhängigkeit verhält es sich zumindest ähnlich. Aber auf keinem der Wege liegt ein Konsumkredit. Auf absolut überhaupt keinem. Das ist so sicher wie das Ende des Planeten in ein paar Milliarden Jahren und der alle Zeiten überdauernde Sexappeal von Frau Monroe.

Ein Konsumkredit, klassischerweise das überzogene Girokonto, war und ist die teuerste Geldbeschaffung aller Zeiten und wird das auch bleiben. Selbst zu Zeiten der tiefsten Zinsen etwa für Hypothekendarlehen war mir nicht eine einzige Adresse bekannt, die Ihnen für das Minus auf dem Girokonto nicht einen zumindest knapp zweistelligen Zins berechnet hat. Anders: Für jeden Tausender, um den Sie Ihr Girokonto ein Jahr lang überziehen, zwackt Ihnen die kontoführende Bank im langjährigen

Mittel Beträge zwischen 10 und 15 Euro pro Monat ab. Dafür kann man auf jeden Fall einmal mittagessen gehen. Und für die Ihnen von der Bank für einen Überziehungskredit von etwa 5000 Euro abgenommenen Zinsen von einem einzigen Jahr – im Mittel etwa 500 bis 750 Euro – gibt es mancherorts sogar einen gebrauchten Kleinwagen.

Teurer als der Überziehungskredit oder nahezu jede andere Form des nicht zweckgebundenen Konsumkredits waren und sind nur noch Geldhaie, Hehler und sonstige Geldverleiher, deren nicht verhandelbare Vertragsbedingungen für den Fall der Nichtrückzahlung das finale Ende des Kreditnehmers vorsehen. Tun Sie das um nichts in der Welt und um keinen Preis. Nie. Absolut niemals und nirgendwo. Sinnentleerter und folgenschwerer kann man Geld kaum ausgeben. Wer unbedingt glaubt, sich Geld leihen zu müssen, um damit das neueste Handy zu erstehen, der wird mit einer gewissen und nicht eben geringen Wahrscheinlichkeit die wenig spaßige Erfahrung machen, dass seine Restschuld – Zinsen und Tilgung gemeinsam – nach ein paar Monaten größer als der aktuelle Verkehrswert seines zwischenzeitlich gar nicht mehr so neuen Spielzeugs ist.

Das einfache Rezept für den sichersten Weg zum finanziellen Offenbarungseid lautet: Lebe eine Periode deines Lebens über deine Verhältnisse und irgendwann überrollen dich die Zinsen deiner (Konsum-)Kredite! Das Geld wird dann noch abgestottert werden müssen, wenn die damit finanzierten Lebensmomente schon lange nur noch eine schemenhafte Erinnerung sind oder die Klamotten schon längst wieder »out«. Am Anfang steht oft ein durch Restaurantbesuche, Klamotten, Handyrechnungen und/oder Urlaube überzogenes Girokonto und am Ende eine Bank, die sich begreiflicherweise weigert, auch nur einen einzigen weiteren müden Cent herauszurücken. Irgendwann helfen auch keine – ehrlichen – Tränen mehr. Wenn die Wahrscheinlichkeit der Rückzahlung eines Kredits unter ein bestimmtes vorgegebenes Niveau zurückfällt, dann muss auch die gutmütigste Bank irgendwann den Hahn zudrehen. Sie hat gar keine andere Möglichkeit.

Die Frage »Kredit oder nicht Kredit« berührt die Luxus- und auch ihr Gegenstück, die Verzichtsfrage. Luxus, sich um manchmal jeden Preis etwas zu gönnen und/oder sich selbst zu verwirklichen, ist »in«. Verzicht und alles, was damit zusammenhängt, »out«. Für mich und alle nüchtern Denkenden heißt das übersetzt und mit Blick auf die Folgen, dass man sich heute gesellschaftsweit scheinbar gern auf den Weg in die Armut aufmacht und eben nicht dorthin, wo alle immer bekunden, ankommen zu wollen: beim »Reichtum«. Es scheint modisch zu sein, arm sein zu wollen, und uncool, das Gegenteil anzustreben. Ohne den Verzicht auf den einen oder anderen Luxus wird der Weg zur finanziellen Unabhängigkeit immer mit Findlingen aus der Kategorie des Ayers Rock gepflastert sein. Um keinen Zweifel daran aufkommen zu lassen, was Luxus auf jeden Fall ist: Luxus fängt spätestens dort an, wo ihn nur ein Kredit ermöglicht, aber auch schon dort, wo er Sparen unmöglich macht.

Besonders intolerant kann man mich dann erleben, wenn mir ein Dreikäsehoch in Gesprächssituationen mit vergleichbaren Inhalten erklärt, dass er nun einmal heute leben will und das Morgen ihn nicht wirklich kümmert, zumal er nun jung, später aber alt (wahrscheinlich), gebrechlich (möglich), krank (nicht selten) oder gar tot (ganz sicher) sein würde. Die allermeisten, die nur allzu gern vor 20 Jahren mit einem solchen Unsinn argumentierten, wären heute froh, wenn ihnen damals andere Maximen für ihr Verhalten eingefallen wären als die »Ich-lebe-nur-einmal-und-zwar-jetzt«-Argumentation. Sie gäben ein Vermögen dafür, wenn sie's denn hätten, um das, was sie damals sagten, meinten und taten, irgendwie rückgängig zu machen. Jeder trägt im Heute auch Verantwortung für das Morgen. Um seiner selbst, seiner Familie, seiner Kinder willen.

Schauen Sie sich dazu einfach mal in Ihrem näheren Umfeld um und lassen Sie sich nicht vom Porsche in der Garage Ihres Nachbarn blenden.

In Deutschland gab es in 2010 rund 140 000 Privatinsolvenzen mit im Vergleich zu den Vorjahren steigender Tendenz. Wohlgemerkt: Die gab es in einem erstaunlich guten wirtschaftlichen Umfeld bei einer Arbeitslosenzahl von nur etwas mehr als 3 Millionen Menschen.[78] Geht man davon aus, dass von jeder Privatinsolvenz direkt oder indirekt wohl auf jeden Fall weitere 2 bis 3 Menschen (Kinder, Ehegatten, Angehörige) mit betroffen sind, dann sprechen wir allein für das Jahr 2010 von etwa 0,5 Prozent der Bevölkerung Deutschlands, für die die mehr oder weniger freie Verfügbarkeit von (Konsum-)Krediten in Armut geendet hat.

Die Tragweite eines Kredits wird so oft so eklatant falsch und damit verniedlichend eingeschätzt, dass die Frage schon berechtigt sein muss, warum eine Gesellschaft, die schon 8-Jährige über Verhütung aufklärt, sich nicht mit der gleichen Hingabe den Fragen unbedachter Kreditaufnahme widmet. Beides kann für das Leben der Betroffenen von unglaublicher Tragweite sein. Auch wenn sich ein Unterachtzehnjähriger schwertun wird, einen (Konsum-)Kredit zu bekommen, ebenso wie ein Achtjähriger ein Kind oder Aids, so muss die Frage statthaft sein, warum das eine mit Nachdruck getan und das andere zumindest weitestgehend unterlassen wird.

Anmerkung (1)

Dieses Buch kann nichts für Sie leisten, wenn Sie nicht wenigstens ab sofort willens und in der Lage sind, Ihr Girokonto im positiven Terrain zu führen. Wer sich dauerhaft auf einen Konsumkredit einlässt, der lebt ziemlich gut dokumentierbar über seine Verhältnisse und der hat einen ersten entscheidenden

Schritt in die private Insolvenz bereits getan. Wehret den Anfängen! Das gilt nicht nur für die Beurteilung beliebiger historischer Erfahrungen, sondern vor allem auch für jedermann in der Gegenwart.

Anmerkung (2)

Die aberwitzigste Form des Konsumentenkredits ist übrigens das Skonto. Wer nicht zum Beispiel binnen 10 Tagen zahlt, der nimmt einen Kredit mit einem Monatszins von 2 Prozent und damit einen Zins aufs Jahr gerechnet von sage und schreibe 24 Prozent in Anspruch. Ohne große Worte: Das geht nicht. Das darf man in 100 kalten Nächten und 1000 Nebeltagen noch nicht einmal in Erwägung ziehen.

■ Das ist richtig wichtig

Der Konsumkredit überschreitet den Rubikon. Wer diesen Weg wählt, der strebt das Gegenteil von dem an, was dieses Buch im Titel trägt. Wer einen Kredit jedweder Art aufnimmt, der muss sich unbedingt über die Tragweite seines Tuns informieren und sich im Zweifel für die »Seinlassen«-Option entscheiden. Auch wenn das mit Verzicht verbunden sein sollte.

■ Das kann richtig teuer werden

Ich denke, das muss nicht wiederholt werden.

36 Der Zins ist das Wichtigste bei einem Kredit

Wer jemals einem Häuslebauer beim erstmaligen Blick auf den Jahresauszug seiner Hypothek zugeschaut hat, der wird wenigstens das eine oder andere Mal das langsame Entgleisen der Gesichtszüge des dann gar nicht mehr so stolzen Hauseigentümers erlebt haben. Typischerweise finden sich dort untereinander die 12 Kalendermonate mit den in diesen Monaten jeweils geleisteten Zins- und Tilgungszahlungen. Bei einem Darlehen von 100 000 Euro, einem Zinssatz von 5 Prozent und einer Tilgungsleistung von 1 Prozent sieht die Bilanz des ersten Jahres so aus:

Die Bilanz des ersten Jahres[79]

Darlehen:	100 000 Euro
Gesamttilgungsleistung:	1023 Euro
Gesamtzinsleistung:	4977 Euro
Gesamtbelastung:	6000 Euro
Restschuld:	98 977 Euro

Wie die vereinbarte anfängliche jährliche Tilgungsleistung vermuten lässt, ist die Gesamtschuld im Verlauf des ersten Jahres gerade mal um etwas mehr als 1000 Euro gesunken. Abgeflossen von den Konten des Häuslebauers sind aber insgesamt 6000 Euro. In meinen Augen ist das eine ernüchternde, ja geradezu dramatische Bilanz: Nur einer von 6 geleisteten Euro reduzierte die Schuld, der Rest war Dienst am Zins. Da kann man schon mal blass werden. Unter diesen Rahmenbedingungen gehört dem Häuslebauer nach ziemlich genau 36 Jahren sein Haus wirklich – vorausgesetzt, der Zinssatz beträgt bei jeder Verlängerung der Hypothek höchstens wieder 5 Prozent und die persönliche Bonität[80] verschlechtert sich in dieser Zeit nicht nachhaltig.

Die Gesamtzinsleistung in dieser Zeit beträgt rund 115 000 Euro![81] Ein Kredit über 100 000 Euro »kostete« nominal also insgesamt 115 000 Euro Zinsen – die gesamt zu bezahlende Summe beträgt also reichlich doppelt so viel, wie die ursprüngliche Schuld hoch war. Eine Zahl, die zumindest den einen oder die andere überraschen dürfte.

Ein weiteres Problem ist damit verbunden – die Gesamtrückzahlungszeit von 36 Jahren. Hand aufs Herz: Wer glaubt sich heute in der Lage, die nächsten 36 Jahre seines Lebens überblicken zu können? Wird es Sie, uns, mich im Jahr 2047 überhaupt noch geben? Müssen sich dann unsere Enkel mit etwas herumschlagen, das wir ihnen, ohne sie zu fragen, aufgehalst haben?[82]

Nur um ein Gefühl für einen Zeitraum von 36 Jahren zu schaffen: 1975 wurde Jimmy Carter US-Präsident, Helmut Schmidt war Bundeskanzler und Spanien noch keine Demokratie.

Lassen Sie uns für einen Moment eine andere Rechnung aufmachen. Wir erhöhen die Tilgungsleistung von anfänglich 1 Prozent auf nun 2 Prozent. Die Eckdaten für Zins und Tilgung im ersten Jahr sehen dann wie folgt aus:

Darlehen:	100 000 Euro
Gesamttilgungsleistung:	2046 Euro
Monatliche Rate/Annuität:	583,33 Euro
Gesamtlaufzeit:	25 Jahre
Gesamtzinsleistung:	76 000 Euro

Die Bereitschaft, die monatliche Gesamtleistung um 83,33 Euro und damit im Schnitt um etwa 17 Prozent zu erhöhen, reduziert die Laufzeit des Vorhabens um 11 Jahre und die Gesamtzinsleistung um rund 39 000 Euro oder rund 34 Prozent. Das ist nur deshalb möglich, weil die Tilgungsleistung um 1 Prozentpunkt von 1 Prozent auf 2 Prozent erhöht wurde. Ge-

messen am Gesamtvolumen des Darlehens führt die Veränderung einer Marginalie zu einer weit überschaubareren finanziellen Last.
Lässt das eigene Budget sogar eine Erhöhung der anfänglichen Tilgungsleistung von 1 auf 3 Prozent zu, dann sehen die Kennzahlen so aus:

Darlehen:	100 000 Euro
Tilgungsleistung im ersten Jahr:	3069 Euro
Monatliche Rate/Annuität:	666,67 Euro
Gesamtlaufzeit:	20 Jahre
Gesamtzinsleistung:	57 000 Euro

Die Erhöhung der anfänglichen Tilgungsleistung von 2 auf 3 Prozent führt zwar nicht mehr zu einer so dramatischen Verringerung der Gesamtbelastung, wie das der Schritt von 1 nach 2 Prozent tut, ist aber noch immer sehr beachtenswert. Unterm Strich führt die Bereitschaft zu einer monatlichen Mehrbelastung von 167 Euro (und damit genau einem Drittel mehr als der Belastung bei einer Tilgung von 1 Prozent) zu einer Halbierung der Gesamtzinsbelastung und zu einer Beinahe-Halbierung der Laufzeit von 36 auf knapp 20 Jahre.
Zu beachten ist auch noch ein Weiteres: Gerade vor diesem Hintergrund kommen Sondertilgungsmöglichkeiten überragende Bedeutung zu. Eine Sondertilgungsmöglichkeit ist das Recht, die Restschuld eines Kredits über den »normalen« Tilgungsplan hinaus zu bestimmten festgelegten Zeitpunkten, im Regelfall einmal im Jahr, zu einem bestimmten Prozentsatz, zum Beispiel 10 Prozent des ursprünglichen Kreditvolumens[83], durch eine Sonderzahlung zu verringern und damit die künftige Zinsbelastung deutlich zu reduzieren. Lassen Sie sich ein solches Recht unbedingt immer einräumen – auch wenn es normalerweise einen Preis durch einen sich geringfügig erhöhenden Zins haben sollte. Für den Fall, dass Sie einmal richtig gut

verdienen – das kann bei einer Laufzeit von 20 bis 36 Jahren schon mal vorkommen, eröffnet sich Ihnen damit die Chance, die Belastung aus dem Kredit mit einem Schlag deutlich zu reduzieren.
Der Zins ist wichtig. Das steht völlig außerhalb irgendeines Zweifels. Es lohnt sich nicht nur, ja es ist sogar für jeden Kreditnehmer eine völlig unumgängliche Pflicht, um jede einzelne zweite Nachkommastelle zu feilschen.[84] Außerordentlich wichtig sind aber auch die Tilgungsmodalitäten. Bei einer 10-Jahres-Bindung mit 1 Prozent Tilgung für einen Kredit über 100 000 Euro müssen nach diesen ersten 10 Jahren auf jeden Fall noch rund 85 Prozent der Kreditsumme abgestottert werden und selbst bei einem Zinssatz von nur 5 Prozent fallen in der Zwischenzeit Zinszahlungen in Höhe von rund 50 000 Euro an.

- **Das ist richtig wichtig**

Der Tilgung kommt überragende Bedeutung zu.

- **Das kann richtig teuer werden**

Genau diesen Umstand nicht zu beachten und auf die Standardfrage des Kreditverkäufers nach der anfänglichen Tilgung – er wird Ihnen fast immer 1 Prozent vorschlagen – mit einem unbedachten Nicken zu beantworten.

Nachtrag

In diesem Abschnitt werden nur Nominal- und keine Barwerte genannt. Der Nominalwert ist der jeweils zum

Zeitpunkt der Zahlung fällige Betrag. Der Barwert ist der abgezinste Wert einer künftigen Zahlung. Wird also beispielsweise in 10 Jahren eine Zahlung von 1000 Euro fällig, dann ist deren Barwert heute bei einem unterstellten Zinssatz von 5 Prozent 615 Euro. Der Barwert bezeichnet also den Wert, der heute einzusetzen ist, um zu einem bestimmten Zeitpunkt in der Zukunft und einem angenommenen Zinssatz die zum Nominalwert fehlende Geldsumme durch Zinsen anzusparen – hier 385 Euro. Barwert und erwirtschafteter Betrag zusammen ergeben dann wieder die 1000 Euro der anstehenden Zahlung.

Es mag wissenschaftlich korrekter sein, bei Darlehen mit Barwerten und nicht mit Nominalwerten zu argumentieren. Die Lebenswirklichkeit eines Kreditnehmers sieht jedoch anders aus. Er hat höchstwahrscheinlich kein Geldvermögen, das er zwischenzeitlich anlegen und damit eine Barwertbetrachtung realistisch machen könnte. Sonst hätte er doch keinen Kredit oder wenigstens nicht einen in dem gewählten Umfang aufgenommen. Er muss darüber hinaus immer alles aus dem Netto zahlen und sowohl die Höhe seines künftigen Brutto- wie Nettogehalts ist heute nicht sinnvoll ableitbar, ganz zu schweigen von automatischen Gehaltssteigerungen, von denen alle Nichtbeamten nur träumen können. Auch die Frage nach dem zu unterstellenden Zins für die Abzinsung ist mehr als nur ein abenteuerliches Unterfangen. Hat irgendjemand vor auch nur 10 Jahren den deutschen Zinsen diesen dramatischen Verfall prognostiziert? Es wäre mehr als nur verwegen zu glauben, dass sich das für die jetzt anstehende Zukunft ändern könnte. Barwertbetrachtungen sind lieb und nett und machen wahrscheinlich auch hin und wieder Sinn. Hier aber nicht.

37 Wohnen in den eigenen vier Wänden schafft Sicherheit und ist die beste Altersvorsorge

Keine Frage: Die eigenen vier Wände vermitteln ein außergewöhnliches Gefühl vor allem von emotionaler Sicherheit. My home is my castle – keine Vermieter und ihre Launen, keine Mietzahlungen bis in alle Ewigkeit und auch keine Sorge davor, dass Eigenbedarf geltend gemacht wird. Für den Fall, dass die eigenen vier Wände sogar ein eigenes Haus bedeuten, gibt es auch keine unliebsamen Mitbewohner über, unter oder neben einem, keinen geraubten Nachtschlaf, weil der Nachbar und seine Gäste mal wieder glauben, die Nacht zum Tag erklären zu müssen, keine Gesichter im Treppenhaus, die man nicht sehen will, und keine unerwünschte mitternächtliche Ekstase in Bett oder Küche nebenan. Das ist ganz ohne Frage so – wenn es erst einmal so weit ist. Aber der Weg dorthin, der ist das Problem.

Aus unerfindlichen Gründen haben die Götter vor das Eigenheim erst einmal Hypotheken, Zinsen, Tilgung, die Gängelung des Bauherrn bzw. Käufers durch die Banken und erfahrungsgemäß auch viel Ärger, Streit, Kostenüberschreitungen usw. gesetzt. Solange Geld ein Engpass ist, solange ist für die allermeisten unter uns der Erwerb einer selbst genutzten Immobilie eine erhebliche emotionale, finanzielle und oft genug auch körperliche Belastung. Nicht selten scheitern Beziehungen, Freundschaften werden aufgekündigt, Familienpläne geopfert, Herzinfarkte erlitten etc. Was ist das denn für ein Leben? Alles nur für das gute Gefühl, irgendwann in ferner Zukunft sein eigenes Zuhause bewohnen zu können und nicht mehr Knecht seiner Hypotheken zu sein? Aber das sind nur die »weichen« Faktoren, auch wenn sie hart sind. Faktoren also, die der eine oder andere ganz anders erfahren haben mag.

Aber auch eine rein ökonomische Betrachtung des Erwerbs der eigenen vier Wände kommt nicht unbedingt zu einem befriedigenden Ergebnis. Die Ausführungen dazu stehen im folgenden Abschnitt, der sich mit Investments in Immobilien befasst. Alles, was dort steht, gilt sowohl für vermietete als auch für selbst genutzte Immobilien. Allerdings mit dem Nachteil, dass für Letztere steuerlich keine Abschreibung geltend gemacht werden kann. Das trübt die ökonomische Bilanz weiter ein.

Eine Anmerkung zur Altersvorsorge

Nicht jedes Haus wird in jungen Jahren den Bedürfnissen des Alters entsprechend gebaut. Genau das fordert später im Zweifelsfall kostspielige Nachrüstungen und führt dann wieder zu der Frage, ob man das Geld nicht besser mit einer höheren Renditeerwartung hätte anlegen können. Wenn die Kinder aus dem Haus sind, dann ist das Haus auch oft genug vor allem eines: zu groß – und damit teuer im Unterhalt. Auch das führt zu der gerade eben formulierten Überlegung.

■ Das ist richtig wichtig

Gerade die Frage des selbst bewohnten Eigenheims, Wohnung oder Hauses ist eine hochgradig emotionale, der man wahrscheinlich nicht zur Gänze gerecht wird, wenn man sie rein rational ökonomisch zu beantworten versucht. Tut man das dennoch, dann ist das Ergebnis von der Bau- oder Kaufphase an wenig überzeugend.

38 Investieren Sie in Immobilien

Kurz und knackig: Für die allermeisten unter uns binden Wohnimmobilien[85] relativ zum bestehenden Vermögen und dem erzielten Einkommen enorm viel, zu viel Kapital. Sie reduzieren deshalb die Chance, die eigenen Vermögensanlagen zu diversifizieren, dramatisch. Wer eine Immobilie erwirbt, dem bleibt im Regelfall nicht mehr viel Spielraum für alternative Investments. Das gesamte finanzielle Wohl und Wehe hängt dann beispielsweise an genau einer Wohnung und eben dieser Umstand erhöht das Risiko für die eigene Vermögensentwicklung erheblich. Wenn alles gut geht, dann ist dieser mangelnde Handlungsspielraum kein Thema. Aber wenn nicht, die Lage also doch nicht gar so glücklich ist, wie zunächst angenommen, Leerstände und damit Mietausfallzeiten zu beklagen sind, die Hausverwaltung die Preise erhöht, Schäden auftreten, Renovierungen fällig werden, die Mieter nicht gerade schonend mit der Wohnung umgehen und vieles andere mehr, dann beschönigt die gute alte deutsche Erkenntnis, »mit Zitronen gehandelt zu haben«, die tatsächliche Lage noch reichlich.

Immobilien haben zwei weitere erhebliche Nachteile: ihre stark eingeschränkte Fungibilität und die hohen Transaktionskosten. Wer eine Aktie oder Anleihe verkaufen will, der kann sie binnen Sekunden loswerden und zahlt dafür durchschnittlich etwa 0,25 Prozent des Kurswertes. Wer eine Immobilie abstoßen will, der kann sich auf einen zeit- und nervenaufreibenden Marathon gefasst machen. Nicht in jedem Fall werden die Käufer Schlange stehen und gerade dann, wenn eine Notsituation einen zeitnahen Verkauf diktiert, dann wird selten der Preis zu erzielen sein, den sich die Verkäufer vorgestellt haben. Hinzu kommen atemberaubend hohe Transaktionskosten bei Kauf und Verkauf: Maklerprovisionen, Grunderwerbssteuer, Notar- und Anwaltskosten etc. können locker 5 Prozent bis manchmal sogar 10 Pro-

zent des Wertes der Immobilie ausmachen. Auch die müssen erst einmal verdient werden.
Im Regelfall lohnt sich der Erwerb einer Immobilie nur dann, wenn Wertsteigerungen hinzukommen und die Bilanz eines Investments in eine vermietete Wohnung oder ein vermietetes Haus aufpolieren. Aber entgegen der landläufigen Meinung, dass Immobilien im Preis ständig oder auf jeden Fall wenigstens früher oder später steigen, und auch entgegen den nur allzu gern dazu aufgestellten Behauptungen muss dem ganz und gar nicht so sein. Der nun folgende Chart zur Immobilienpreisentwicklung legt davon ein beredtes Zeugnis ab.

Deutscher Eigentums-Immobilien-Index DEIX
(keine Wertsteigerung seit 1995)

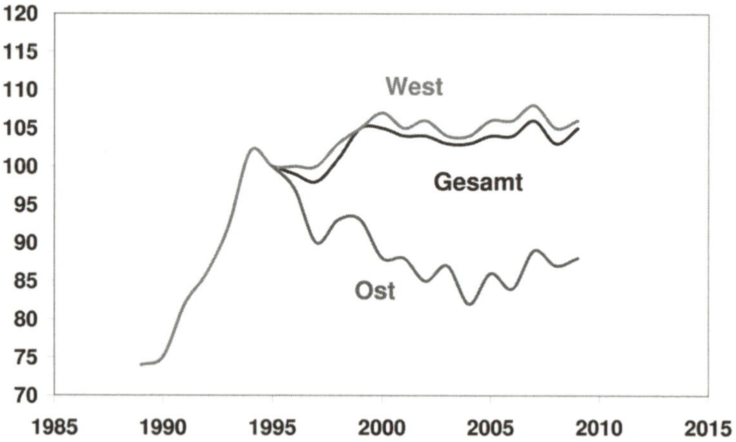

Der Gedanke drängt sich auf, dass derjenige, der sich dennoch in Immobilien engagieren will, nicht die Investition in eine einzige Immobilie suchen, sondern einen Teil seines Geldes in einen entsprechenden, dann aber unbedingt »offenen« Immobilienfonds[86] investieren könnte. Oder? Es blieben dann mehr finanzielle Freiräume für andere Investments, die Diversifizierungsmöglichkeiten wären größer, die Investitionssummen fle-

xibler und damit meistens auch kleiner und alle im letzten Kapitel genannten weichen, emotionalen Faktoren kämen kaum zum Tragen.
Die Gedanken sind zutreffend – aber dennoch haben auch offene Immobilienfonds ihre Tücken. Die Gebührenmodelle sind, so einer, der es wissen muss, »oft fragwürdig« und die bis an 5 Prozent heranreichenden Ausgabeaufschläge auch alles andere als von Pappe. (Unbedingt zu beachten sind in diesem Zusammenhang die Anmerkungen über »Fonds« und »Hitlisten« in diesem Buch.)
Darüber hinaus sind derzeit manche offene Immobilienfonds – ein Widerspruch in sich – geschlossen und in einem schlagzeilenträchtigen Fall wurde und wird sogar ein ziemlich großer von ihnen abgewickelt.[87] Die Kurse der Fonds fielen im Zuge der Finanzkrise, deshalb wurden die Fondsgesellschaften von Rückgabewünschen der Anteilseigener der Fonds überrannt, verfügten aber nicht über die liquiden Mittel für eine Rücknahme der Anteile und konnten deshalb nicht anders reagieren. Dort, wo Anleger in einer echten Krise die größte Sicherheit vermuteten, handelten sie sich die größten Probleme ein. Auch wenn alles andere als ausgeschlossen ist, dass die Immobilienpreise wieder anziehen und damit die Probleme kleiner werden dürften, muss klar sein, dass sich eine vorbehaltlose Empfehlung anders liest.

Die Frage, die sich gerade bei Immobilien stellt, ist immer auch die nach den alternativen Investitionsmöglichkeiten: Welche Geldanlage wäre anstelle einer Immobilie möglich gewesen und zu welchem finanziellen Ergebnis hätte das bei welchem Risiko und welcher Nervenbelastung geführt? Ohne dass die nächsten Zeilen schon wieder in ein Plädoyer für Anleihen ausarten sollen: Aus 1 Euro, der 1987 in deutsche 10-jährige Anleihen investiert wurde, sind bis Ende 2010[88] rund 4,30 Euro[89] abzüglich der entsprechenden Steuern geworden. Aus 1 Euro, der in eine durchschnittliche Wohnimmobilie[90] investiert wurde, sind unter der Annahme eines Kaufpreises, der typischerweise etwa bei 20 bis 25 Jahresmieten liegt, und der im Chart auf Seite 136 abgebildeten durchschnittlichen Wertsteigerung etwa 2,40 Euro[91] geworden. Hinzu kommen Steuervorteile; abzuziehen sind alle Kosten der Immobilie (Reparaturen, Hausverwaltung etc.) und die Steuern auf die Einkünfte aus Vermietung und Verpachtung, um nur die wichtigsten Variablen für eine Vorteilhaftigkeitsabwägung zu nennen. Auch wenn sich das hier nur sehr schwer wirklich quantifizieren lässt, weil zum Beispiel nicht jeder dieselbe Steuerquote und damit dieselben Einsparungen durch die Abschreibungen hat, so lässt sich mit diesen Zahlen dennoch kaum eine echte Überlegenheit einer Immobilie ableiten.

■ Das ist richtig wichtig

Die Attraktivität einer deutschen Immobilie als Anlage wird überschätzt.

■ Das kann richtig teuer werden

Die Investition in eine einzige Immobilie, in der dann alle finanziellen Reserven und Freiräume stecken.

39 Legen Sie sich ein Steuersparmodell zu

Steuersparmodelle stehen in dem Ruf, exklusiv etwas für die Richtig- bis Superreichen zu sein, und nicht zuletzt deshalb wird ihnen in der öffentlichen Diskussion oft genug mehr oder weniger implizit auch etwas Halbseidenes unterstellt. Motto: Was nicht verboten ist, ist erlaubt. Und mit Sicherheit gibt es Konstruktionen, die man vor diesem Hintergrund als zumindest fragwürdig klassifizieren muss. Aber für die meisten Modelle gilt das nicht. Sie sind offizielle Angebote des Staates an die Investoren. Mit Anreizen, sprich Steuererleichterungen, soll ihnen ein Investment dort schmackhaft gemacht werden, wo unsere gesetzgebenden Instanzen das volkswirtschaftlich gerade als besonders wünschenswert und sinnstiftend erachten.[92] Die Anleger können dann jährlich einen bestimmten, festgelegten Anteil der Investitionssumme von ihrem zu versteuernden Einkommen abziehen und müssen auf diesen Betrag dann entweder keinen oder nur einen ermäßigten Steuersatz zahlen.

Das beste Beispiel dafür ist die sogenannte 50-prozentige SonderAfA beim Erwerb von Ostimmobilien nach der Wende.[93] Im Nichtsteuerberaterslang ausgedrückt konnte, wer damals eine Immobilie in den neuen Ländern kaufte, im Jahr des Erwerbs 50 Prozent der Preises von der Steuer absetzen. Genauer: Wer also beispielsweise eine Eigentumswohnung für 200 000 DM erwarb und ein Jahreseinkommen in gleicher Höhe hatte, der konnte in diesem Jahr sein zu versteuerndes Einkommen etwa um die Hälfte reduzieren. Bei den zu dieser Zeit geltenden Steuersätzen lief das in etwa auf eine Steuerersparnis von 50 000 DM hinaus. Genau um diesen Betrag reduzierte sich damit für den Käufer auch der Kaufpreis. Nun – das ist alles andere als schlecht und war allemal eine Überlegung wert. Selten zeigt sich unser Staat so großzügig, wenn es ihm um »sein« Geld geht. Wenn es jemals in Deutschland ein Steuersparmodell gab, das diesen Namen auch verdient hat und flächendeckend genutzt wurde, dann diese Sonderabschreibungsmöglichkeit.

Der Haken an der Geschichte: Eineinhalb Jahrzehnte später dürfte eine auf jeden Fall 5-stellige Zahl der damaligen Investoren den Tag verflucht haben, an dem sie sich auf dieses Geschäft eingelassen hatten. Für sie war dieses epochale Steuergeschenk der Anfang eines beispiellosen finanziellen Leidensweges. Am

Ende stand die Privatinsolvenz, ein Leben für die Kredite von damals und die bittere Erkenntnis, dass deutsche Steuersparmodelle viel von einem Danaer-Geschenk haben können. Wie konnte es dazu kommen?
Jeder Investor geht Risiken ein. Wer Geld anlegt, um damit Geld zu verdienen, der wird vielleicht irgendwann feststellen müssen, dass er im besten und schlimmsten Sinne des Wortes auf Sand gebaut hat. In der Euphorie der Wiedervereinigung konnte man sich kaum vorstellen, dass eine durchschnittliche Wohnimmobilie in den neuen Ländern binnen eines Jahrzehnts 30 Prozent an Wert verlieren würde.[94] Aber genau das geschah – mit fatalen Folgen. Denn damit sank bei 1 Prozent Tilgung der Wert der Immobilie unter das verbleibende Gesamtvolumen der zur Finanzierung der Immobilie aufgenommene Hypothekendarlehen. Es kann einfach nicht lustig sein, eine Wohnung mit einem aktuellen Verkehrswert von 50 000 Euro zu besitzen und gleichzeitig eine für den Kauf dieser Wohnung einst aufgenommene Hypothek mit einem verbleibenden Volumen von 60 000 Euro bedienen zu müssen. Eine solche Konstellation kann vor allem dann ihren ganz eigenen Charme entwickeln, wenn die »alten« Hypotheken nach beispielsweise 10 Jahren auslaufen und eine Anschlussfinanzierung gefunden werden muss.
Eine Facette dieser Entwicklung war, dass die Immobilienpreise damals unter anderem deshalb so hoch waren, weil die Verkäufer um die Steuergeschenke wussten. Die Preise der Immobilien stiegen, weil der Kauf subventioniert wurde. Das Ausgangsniveau wurde höher. Eine völlig verständliche Entwicklung, die allerdings den folgenden Absturz umso tiefer machte. Das ist die eine Seite.
Gerade im Fall der angeführten Sonderabschreibung kommt aber wie in vielen vergleichbaren Situationen hinzu, dass Steuersparmodelle auch immer eine Anleihe auf die Zukunft sind. Denn die eingegangenen Kredite müssen weiter bedient werden. Das setzt Einkommen oder Rücklagen voraus. Klassischerweise

beruhen die Vorteilhaftigkeitsrechnungen solcher Modelle auch immer auf einem persönlichen hohen Steuersatz und damit einem hohen Einkommen. Fällt das Einkommen in den Folgejahren, dann fällt auch der persönliche Steuersatz und damit die Gesamtsteuerersparnis. Genau das aber kann den ganzen Vorteil des Sparmodells infrage stellen. Wer sich in fetten Jahren – und vor allem in solchen Zeiten wird er von seinem Steuerberater oder anderen darauf angesprochen werden – auf Steuersparmodelle einlässt, der muss sich immer auch sehr ernsthaft fragen, ob er in Zukunft auch dann noch mit diesen leben kann, wenn die Zeiten schwerer geworden sind. Nicht wenige neigen dazu, im Überschwang des aktuellen, etwa auch durch ein aktuell hohes Einkommen begründeten Glücksgefühls die eingegangenen Risiken für die Zukunft zu unterschätzen. Ein fataler Irrtum.

■ Das ist richtig wichtig

Steuersparmodelle sind letztlich staatlich subventionierte Investitionsprojekte. Deshalb sind Steuersparmodelle im besten Neuhochdeutsch kein »free lunch«, sondern immer ein echtes Wagnis, ein Risiko. Sie müssen mit größtmöglicher Vorsicht beurteilt werden. Es gibt meistens gute Gründe, warum ein Staat Subventionen anbietet, was wiederum begründet, warum nicht wenige Steuersparmodelle ihre Eigentümer nicht besonders stolz gemacht haben.

■ Das kann richtig teuer werden

Mit blindem Glauben in Steuersparmodelle zu investieren.

40 Legen Sie Geld in Schiffen, Filmen & Co. an

Ich bin immer wieder aufs Neue ziemlich überrascht, wenn mir von meinen Gesprächspartnern voller Stolz von ihren Investitionen in Schiffe, Filme oder Ähnliches erzählt wird. Sie haben davon genauso viel Ahnung, wie man nach einem Verkaufsgespräch mit einem durchschnittlichen Verkäufer haben kann, rechnen sich aber trotzdem exzellente Chancen auf eine wundersame Geldvermehrung aus. Das kann ja auch alles so kommen – aber allein der normale, also gesunde Menschenverstand gebietet es, ein paar Fragen zu stellen. (1) Warum werden solche Projekte Ahnungslosen vorgestellt? (2) Wer verdient eigentlich wie viel an meinem Vertragsabschluss? (3) Wie viele wussten vor mir, dass sich ein Investment lohnen könnte? (4) Könnte es sein, dass die Letzten von Hunden gebissen werden? (5) Bin ich einer der Letzten?

■ Das ist richtig wichtig

Investieren Sie nur in Dinge, von denen Sie wirklich Ahnung haben. Vieles spricht dafür, dass bei Schiffen und Filmen das nur für ganz wenige unter uns zutrifft.

■ Das kann richtig teuer werden

Ein Investment in Objekte, von denen Sie keine Ahnung haben können.

41 Eigenleistung bringt nichts

Um mal wieder ein Sprichwort zu bemühen: Handwerk hat goldenen Boden. Bei Handwerkerstundensätzen seltenst unter 50 Euro kann es jede Menge Sinn machen und Geld sparen, die Dinge selbst in die Hand zu nehmen und zum Beispiel die Dichtung selbst einzusetzen – ein Minimum an handwerklichem Geschick und wenigstens eine rechte Hand vorausgesetzt. Wer die nicht hat, der wird bei solchen Aktionen allerdings draufzahlen, und manchmal nicht nur Geld.

■ Das ist richtig wichtig

Nur empfehlenswert für halbwegs Begabte. Richtig teuer werden kann es für alle anderen. Dennoch ist »selber machen« immer überlegenswert und hat enormes Sparpotenzial. Aber wahrscheinlich ist das an der Selbstverständlichkeitsgrenze und deshalb nicht der Hinweis, der Sie zu 100 Prozent darin bestätigt, das richtige Buch gekauft zu haben …

42 Jeder kann alles. Er muss es nur wollen!

Es gehört zum neuzeitlichen Motivationsgeblubber so vieler in meinen Augen Unberufener, allen Menschen weiszumachen, dass jeder alles erreichen kann, so er nur genug Willen, Energie und Bereitschaft mitbringt, trotz Rückschlägen weiterzumachen. Einverstanden: Wo ein Wille ist, da ist mit Sicherheit auch immer ein Weg – aber nur unter der entscheidenden Voraussetzung, dass die grundsätzliche Eintrittswahrscheinlichkeit des angestrebten Ereignisses nicht unterhalb eines bestimmten Wertes liegt. Wer Bill Gates nacheifern will, der kann sich meiner Ansicht nach gern auf seinen Geisteszustand untersuchen lassen. Die Wahrscheinlichkeit, zu erreichen, was Herr Gates erreicht hat, liegt bei ungefähr 1 : 3 500 000 000. 3,5 Milliarden, das ist die Zahl der Menschen auf diesem Planeten – knapp 7 Milliarden Ende 2010 – abzüglich der für diese Zielsetzung einfach zu alten Menschen, zu denen auch ich mich mittlerweile zählen muss. Bill Gates ist deshalb Bill Gates, weil er Bill Gates ist. Wer ihm nacheifern will, der sollte sich lieber für den ersten Marsflug der Menschheit nominieren lassen – selbst dafür stehen die Chancen noch besser.

Man könnte natürlich auf den Gedanken kommen, »nur« Millionär werden zu wollen … Ausweislich des Deutschen Instituts für Wirtschaftsforschung vom Sommer 2010 gibt es in Deutschland 430 000 Millionäre. Ungefähr jeder 200. Deutsche darf sich damit wohl in dem segensreichen Zustand einer materiell ganz gut abgesicherten Zukunft wähnen.

Die Wahrscheinlichkeit, das zu schaffen, liegt mithin im unteren Promillebereich: bei 82 Millionen Einwohnern – wieder abzüglich der für einen solchen Vorsatz zu alt gewordenen Menschen, aber auch unter Berücksichtigung der Tatsache, dass eine erkleckliche Zahl der Millionäre dieses Vermögen nicht selbst erwirtschaftet, sondern von ihren Vorfahren geerbt hat, ist es dann nur noch ungefähr jeder 500. Deutsche.

Ist es realistisch, sich ein solches Ziel zu setzen, das nur 2 Promille der Bundesbürger zu Lebzeiten schaffen? Ich habe da so meine Zweifel oder besser gesagt: Da muss schon ein Kamel durchs Nadelöhr gehen, bis das klappt – auch wenn in diesem Fall das Kamel relativ klein und das Nadelöhr relativ groß sein kann. Von denen, die sich das vornehmen, werden es nur eine Handvoll schaffen. Die überwältigende Mehrheit aber wird dieses Ziel nicht erreichen und scheitern. Wenig ist aber deprimierender, als zu erkennen, dass ein Ziel nicht erreichbar ist. Was dagegen ist motivierender, als ein Ziel in Reichweite rücken zu sehen? Auch deshalb bleibt dieses Buch immer realistisch. Fantastereien sind meine Sache nicht. Sie sollten auch nicht Ihre Sache sein.

■ Das ist richtig wichtig

Wer glaubt, alles erreichen zu können, und darüber seinen Realitätssinn verliert, der hat in etwa 499 von 500 Fällen schon verloren. Wenigstens dann, wenn das Ziel »Millionär« heißt. Setzen Sie sich gerade in allen finanziellen Fragen realistische Ziele. Sonst ist das Scheitern und vor allem das damit notwendigerweise verbundene Unglücklichsein vorprogrammiert.

43 Es geht auch ohne Arbeit

Gerade in Geldfragen herrscht oftmals der Eindruck vor, dass sich mit Geld im Schlaf Geld verdienen ließe. Und zwar nicht nur ein wenig, sondern richtig viel. Aber das ist ein Schein, der wirklich trügt. Wenn eines sicher ist, dann das. Das eherne Grundgesetz des Geldverdienens gilt auch für das Geldverdienen mit Geld wie auch für den Umgang mit Geld generell. Wer viel arbeitet, verdient viel Geld. Wer wenig arbeitet, verdient wenig Geld. Wer nicht arbeitet, verdient – außer Hartz IV – kein Geld.
Mehr noch: Für das Geldverdienen mit Geld gilt noch eine Steigerung des ehernen Gesetzes des Geldverdienens: Wer zu wenig arbeitet, der verliert Geld! In letzter Konsequenz kann das sogar

heißen, dass nichts mehr da und einfach alles weg ist. Wer etwas anderes behauptet, der ist in meinen Augen entweder ein Verführer, ein Ignorant, unwissend oder einfach nur dumm. Wer viel Geld verdienen will, der sollte sich darauf einstellen, dass er richtig viel wird arbeiten müssen. Wer nicht bereit ist, sich in seinen Job reinzuhängen, der sollte sich nicht wundern, wenn nichts Großartiges dabei rumkommen wird oder sogar am Ende ein negativer Saldo steht.

Gerade die wirklich Erfolgreichen vermitteln nicht selten den Eindruck, dass ihnen alles so leicht von der Hand geht und sie für ihr Geld nicht besonders viel arbeiten müssen. Aus der Beobachtung dieser Menschen aus der Nähe heraus bin ich mir sehr, sehr sicher: Auch dieser Eindruck täuscht. Die Leichtigkeit, die sie vermitteln, hängt oft mit der Freude, oder im Managerslang von heute gesagt, mit dem Spaß zusammen, den ihnen ihre Arbeit macht. Diese Menschen vermissen rein absolut gar nichts, wenn sie sich noch abends um 22 Uhr statt vors Fernsehgerät an den Rechner setzen und versuchen, bei dem einen oder anderen Problem weiterzukommen. Ihre Arbeit ist das, was sie schon immer tun wollten, und deswegen tun sie es.

Natürlich gibt es auch die ewigen Glücksritter, Menschen, denen immer alles in den Schoß fällt und die sich scheinbar so gut wie nie ins Zeug legen oder nach irgendetwas strecken müssen und dennoch massig Geld verdienen. Ja – die gibt es. Aber das sind die absoluten Ausnahmen. Das sind diejenigen, die sich in einer Normalverteilung jenseits von der 6. Standardabweichung bewegen. Sie haben deswegen Glück, weil die Gesetze des Zufalls, der Wahrscheinlichkeit oder eben des Glücks es einfach fordern, dass es unter Millionen immer die eine oder den anderen geben wird, die tun und lassen können, was sie wollen, und dennoch immer das Richtige tun werden. Aber wer hofft oder gar damit rechnet, zu diesen statistischen Sonderfällen zu gehören, der kann auch gleich dem ptolemäischen Weltbild huldigen oder aus Überzeugung Lotto spielen.

Wichtig scheint mir dabei der Hinweis zu sein, dass unsere Wahrnehmung des Öfteren eine andere ist: Dank der Medienberichterstattung, die sich nun einmal aus reinen, verständlichen Auflage- und Einschaltquotenerwägungen mehr des Erfolges weniger denn des Misserfolges der vielen Namen- und Gesichtslosen annimmt, wissen wir viel mehr über die wenigen Glücksritter als über die auf diesem Weg Gescheiterten.
Gerade an den Finanzmärkten herrscht bei vielen die Vorstellung vor, dass man dort Geld »nebenher« verdienen könnte. Die letzten 10 bis 12 Jahre sollten ein beredtes Zeugnis davon ablegen, dass dem nicht so ist. Geld verdienen ist mit wenigen Ausnahmen – und die sind nicht immer legal – überall auf dieser Welt mit Arbeit verbunden. Wenn's anders wäre, würden alle arbitrieren; sich also alle dorthin aufmachen, wo es Geld ohne Arbeit gibt. Aber wahrscheinlich gäbe es in einer solchen Welt auch keine Gravitation.

Übrigens: Kennen Sie die einzigen 3 arbeitsfreien Wege zum Reichtum?
Erstens: Glücksspiel. Das Thema wird weiter oben schon einmal erwähnt und dann noch einmal an einer Stelle weiter unten. Die Wahrscheinlichkeit, dass dieser Weg ans Ziel führt, ist so erbärmlich, dass allein der Gedanke, es versuchen zu wollen, in meinen Augen strafbar sein müsste.
Zweitens: Erben. Wenn das Schicksal einem ein ordentliches Erbe beschert, dann hat das mit Sicherheit seinen Charme. Allerdings wird auch das nicht besonders vielen unter uns beschieden sein und vor allem leben die Betroffenen im Regelfall auch schon vor dem Eintritt des Erbfalls nicht unbedingt in Armut. Sie sind qua Geburt wohlhabend. Auch dieser Weg zum Reichtum scheidet also für die weite Mehrheit aus.
Blieben drittens Tätigkeiten jenseits des klassischen Gelderdienens wie beispielsweise die »Mitarbeit« in nichtstaatlichen Parallelorganisationen. Auch das ist nicht wirklich empfeh-

lenswert. Die Aufklärungsquote ist hierzulande für ein solches Ansinnen einfach erschreckend hoch, das Risiko, durch die eigene Betriebsorganisation zu Schaden zu kommen, ebenfalls, und selbst für diejenigen, die von diesen Widrigkeiten des Lebens nicht erwischt werden, gilt die klassische Pyramidenstruktur. Ganz wenige schaffen es und viele bleiben auf dem Weg nach oben hängen. Um nicht missverstanden zu werden: Ehrlichkeit und Anständigkeit währen garantiert am längsten!

In Zeiten, in denen die Entwicklungen an den Finanzmärkten keine reine Lust, sondern viel Frust bringen, geistert immer wieder aufs Neue die einst vom Börsenaltmeister Kostolany in die Börsenrhetorik eingeführte »Schlaftablette« durch die diversen Foren. Motto: Nimm dir eine Schlaftablette, leg dich schlafen, lass die wilden, turbulenten Zeiten an dir vorüberziehen und irgendwann, wenn die Wirkung der Tablette im Zweifel auch erst nach Jahren nachlässt, haben sich die Dinge im wünschenswerten Sinne entwickelt.
Ein solcher Rat mag zur Vermeidung von Herzattacken, Tobsuchtsanfällen oder nicht sozialem Verhalten angesichts von Kurs-, Zins- oder Girokontenentwicklungen vielleicht hin und wieder statthaft sein. Aber in den allermeisten Fällen führt er bestenfalls zu nichts und im schlimmsten Fall in den Ruin.
Jede Geldanlage muss zeit ihres Bestehens fortlaufend überwacht, überprüft und im Zweifel gekündigt, verkauft oder aufgelöst werden. Alles andere ist Vogel-Strauß-Politik, Irreführung, Faulheit, Medikamentenmissbrauch oder die Verweigerung von Arbeit dort, wo sie am wichtigsten, vielleicht aber auch am schmerzhaftesten ist. Auf jeden Fall sieht so der Weg in die finanzielle Unabhängigkeit nicht aus. Ganz sicher nicht.

■ **Das ist richtig wichtig**

Die Bereitschaft, richtig zu arbeiten, sich dauerhaft auch für seinen finanziellen Erfolg einzusetzen, ist absolut unverzichtbar. Physikalisch betrachtet ist Arbeit das Produkt aus Weg und Kraftaufwand in Richtung des Weges. In allen Geldfragen ist es genauso.

■ **Das kann richtig teuer werden**

Der sorglose Konsum von Schlaftabletten und die Verweigerung von Arbeit.

44 Geld kann man auch ohne Ausbildung verdienen

An den Finanz- und da vor allem an den Aktienmärkten dieser Welt herrschte in den letzten 80 bis 90 Jahren genau 2-mal echte Goldgräberstimmung. Einmal waren das die Jahre 1926 bis 1929 und zum anderen dann 70 Jahre später die Jahre 1998 bis 2000. Damals rasten vor allem die Märkte, die wir damals die »neuen« nannten, von einem Hoch zum nächsten, Prognosen, selbst die, die gestern noch als reichlich ambitioniert gegolten hatten, wurden im Zweifel binnen Tagen erreicht, 2-stellige tägliche Wachstumsraten so manches Aktienkurses waren eher die Regel denn die Ausnahme und nicht wenige wurden binnen weniger Wochen wirklich vom Tellerwäscher, hierzulande also eher vom Taxifahrer zum Millionär. Auf dem Papier.
Viele krempelten damals ihren kompletten Lebensentwurf total um, kündigten ihre Jobs und widmeten sich nur noch der Börse.

Es war auch gar zu verlockend. Der eine oder andere verdiente binnen Tagen das, was er mit »richtiger« Arbeit in seinem Beruf nicht einmal im Laufe eines ganzen Jahres hätte verdienen können. Niemals zuvor war die Bundesrepublik Deutschland in größerem Maße ein Land von Aktienkennern, -analysten und -spezialisten. Partygespräch Nr. 1 waren nicht Blondinen, Davidoff-Models und Porsches, sondern Namen wie Mobilcom und Intershop. Niemals zuvor und danach habe ich erlebt, dass Menschen irritierter oder manchmal sogar beleidigt reagierten, wenn ich, nur um das Thema zu wechseln, versuchte, mit ihnen über das Wetter, ihren letzten Urlaub oder ihre Kinder zu sprechen. Am Ende prüften sogar die Gebrüder Haffa, die Eigentümer der wenige Jahre zuvor gegründeten Gesellschaft EM.TV zumindest halbwegs ernsthaft die Übernahme von Walt Disney – die Vorstellung, dass die Sparkasse Sprockhövel die Deutsche Bank übernimmt, könnte nicht atemberaubender, irrealer oder unseriöser sein.

Der »Neue Markt« war in den Jahren 1999 und 2000 das abgefahrenste, unglaublichste Börsensegment, das die Welt in den 50 Jahren davor je gesehen hatte. Niemals zuvor in der zweiten Hälfte des 20. Jahrhunderts waren die Kurse so schnell und weit gestiegen und niemals zuvor brachen sie danach auch wieder so schnell zusammen. Es war eine wilde Zeit. Ich habe persönlich erlebt, wie einer seinen gut gehenden, alteingesessenen Harley-Davidson-Laden incl. Werkstatt verkaufte, weil er erwartete, binnen eines Jahres mit dem Verkaufserlös an den Börsen dieser Welt mehr Geld verdienen zu können als in 10 Jahren mit Harley Davidsons.

Das stellte sich nicht nur deshalb als krasse Fehleinschätzung heraus, weil Ende der 1990er-Jahre der große Harley-Boom erst begann, sondern eben auch, weil Ende 1999 schon langsam die Totenglocken der Hausse zu läuten begannen. Am 7. März 2000 begann dann die größte Börsenkrise seit den 1920er-Jahren, die meisten Aktienindices weltweit drittelten sich und die Aktien des Neuen Marktes hier in Deutschland fielen durchschnittlich auf sage und schreibe 4 Prozent ihrer Höchstkurse zurück. Wer im März 2000 100 DM eingesetzt hatte, der hielt im Frühling 2003 genau noch 2 Euro in Händen.

Zahllose Menschen haben damals wenigstens den Grundstein für ihren totalen finanziellen Ruin gelegt. Für den einen oder anderen war es auch der Grabstein. Geblendet von den immer weiter steigenden Kursen und bestärkt durch ihre eigene Erfahrung, stets das Richtige zu tun, folgten Millionen von weitestgehend ahnungsfreien Menschen dem Lockruf der Börsen und des Geldes und wachten irgendwann entweder ernüchtert und schlicht pleite wieder aus ihren hochfliegenden Träumen auf. Sie hatten sich ohne Wissen, ohne Ausbildung auf ein Spiel eingelassen, das sie nur verlieren konnten. Es grenzt an kaum noch beschreibbaren Leichtsinn, an gnadenlose Selbstüberschätzung oder vielleicht auch nur an Übermut, zu glauben, dass es zwar 3 bis 5 Jahre bis zum KfZ-Mechaniker-Meister braucht, in Geldfragen aller Art aber ein Crashkurs von wenigen Wochen ausreichend sei. Wer in langen Jahren einen erfolgreichen Handel mit Werkstatt für die angesagteste Motorradmarke überhaupt aufgebaut und sich dabei immenses Know-how angeeignet hat, der darf nicht allen Ernstes vermuten, mit weit weniger Wissen und Ausbildung noch weit mehr Erfolg haben zu können und das dann auch noch dauerhaft. Mir fehlen noch heute die Worte, wenn ich an die Schicksale denke, von denen ich damals erfuhr.

Es wäre eine seltsame Welt, wenn sich ohne Wissen, ohne Aus- und Weiterbildung, ohne die Bereitschaft, sich ständig umfassend zu informieren, oder auch ohne Erfahrung mit Geld leichter mehr Geld verdienen ließe als mit ganz normaler alltäglicher Arbeit. Wenn dem so wäre, dann würde alle Welt fortan dort versuchen, Geld zu verdienen, wo das eben ohne Ausbildung, Wissen und Erfahrung geht. Im erzählten Fall würde das heißen, es gäbe zwar keine Bäcker, Metzger, Klempner, Wirtschaftsprüfer, Ärzte oder eben Harley-Davidson-Händler mehr, aber jede Menge Börsenspekulanten – und die wären alle miteinander auch noch glücklicher, als wenn sie in ihren erlernten Berufen geblieben wären. Eine geradezu aberwitzige Vorstellung. Diese Welt gibt es nicht.

■ Das ist richtig wichtig

Wer erfolgreich anlegen, investieren, wer richtig sparen oder Geld verdienen will, aber auch wer beispielsweise richtig gute Bedingungen für seine Hypothek erzielen will, der wird sich zuerst um sein Wissen übers Geld, um seine Ausbildung in allen Geldfragen kümmern müssen. Wer dazu nicht bereit ist, dem wird nicht zu helfen sein. Wer dazu bereit ist, für den sollte dieses Buch mindestens das sein, was man gemeinhin einen guten Anfang nennt.

■ Das kann richtig teuer werden

Der unverrückbare Glaube daran, dass einem die gebratenen Tauben in den Schoß fallen werden – so man nur lange genug auf sie wartet.

45 Meister fallen doch vom Himmel

Ausbildung ist das eine. Erfahrung das andere. In den beiden Jahrzehnten, in denen ich mich jetzt schon den Finanzmärkten widme, sind mir viele wilde, absurde und skurrile Dinge passiert und auch solche, die mich noch heute an den grundsätzlichen intellektuellen Fähigkeiten nicht weniger der dort agierenden Personen zweifeln lassen. Die eine oder andere Geschichte, die ich da erlebt habe, steht schon in den vorangegangenen Abschnitten. Einen echten Kracher aber landete im Frühling 2000 ein Taxifahrer, der mich nach einem Kundenbesuch nach Hause bringen sollte. Eher, weil ich es einfach abgrundtief hasse, mit einem wildfremden Mann schweigend neben- oder auch nur hintereinander in einem Auto zu sitzen, denn aus echtem Interesse fragte ich ihn, ob er sich mit dem »Neuen Markt« befassen würde.

Eine Börsenfrage war damals – gerade in einem Frankfurter Taxi gestellt – eine der Fragen, mit der man zumindest für die nächsten 20 Minuten hoffen durfte, ein einigermaßen ordentlich dahinplätscherndes Gespräch führen zu können. Wie sich herausstellen sollte, war sie auch genau an den Richtigen gestellt. Der Mann hatte scheinbar nur darauf gewartet, mir von seinen Erfahrungen mit Börse erzählen zu können. Er deklinierte mir den »Neuen Markt« mit all seinen damals mehr und weniger bedeutenden Werten durch, wusste zu jedem eine kleine Geschichte und selbstverständlich, wenigstens was die Vorkommastellen betraf, auch den richtigen Kurs. Voller Stolz berichtete er von seinen Gewinnen, und selbst dann, wenn man ein wenig Börsenlatein abzog, waren die noch immer so gut, dass ich mich dazu hinreißen ließ, die Frage zu stellen, warum er dann noch Taxi führe. Er parierte mein Sticheln mit dem Hinweis, dass man nie genug Geld haben könne, und fing schließlich an, mir Börsentipps zu geben.

Ein wenig belustigt fragte ich den Taxifahrer nach seiner bisherigen Gesamtbörsenerfahrung: »Wie lange beschäftigen Sie sich schon mit Börse?« Seine Antwort: »Seit letztem Sommer!« Meine letzte Frage: »Meinen Sie, dass Sie sich an der Börse auskennen?« Seine Antwort: »Ja!« Ich war ehrlich erstaunt und verblüfft. Nach 6 Monaten konnte er nur ganz wenig Erfahrung und damit quasi keine Ahnung haben, auf jeden Fall viel zu wenig, um dauerhaft an den Finanzmärkten bestehen zu können. Ausreichend Erfahrung konnte in einer Börsenphase, in der selbst der größte Schrott wahnwitzige Kurse erzielte und Kursverdoppelungen binnen 1 bis 2 Wochen an der Tagesordnung waren,[95] schlicht nicht gewonnen werden. Schon gar nicht binnen eines halben Jahres. Sein Depot würde ganz sicher beim ersten Schnupfen des Neuen Marktes eine Grippe bekommen, völlig unabhängig davon, wie gut sein im letzten halben Jahr erworbenes Wissen wirklich war. Das war so sicher wie der Segen nach der Messe.

Erfahrung ist durch nichts zu ersetzen. Aber Erfahrung kann man nicht kaufen, sondern nur durch die Beschäftigung mit dem Metier, durch viel zeitliches Engagement, durch Üben und die Bereitschaft, Rückschläge wegzustecken, gewinnen. Das ist auch bei allem, was mit Börse zu tun hat, ein langwieriger Prozess. Nicht wenige glauben, nach kurzen Einführungsseminaren, Zeitungs- oder Bücherstudien zu wissen, wie der Hase läuft, und legen dann mit dem Kauf von Aktien los. Sie werden damit zweifellos erste Erfahrungen sammeln – aber höchstwahrscheinlich vor allem die von der teuer bezahlten Sorte.

Am Anfang kommen die Lehrjahre – und die sind keine Herrenjahre. Sie kosten Schweiß und Tränen und immer dann, wenn's um Geld geht, vor allem eins: Geld! Enttäuschungen sind vorprogrammiert. Wenn es doch wie im Falle »meines« Taxifahrers erst einmal eine Zeit lang gut geht, dann war viel Glück und vor allem die richtige Börsenphase im Spiel.

»Das erste Mal« wird seltenst so toll, schön und – mit der Bitte um Nachsicht für diesen etwas aus der Mode gekommenen Ausdruck – erfüllend oder »technisch perfekt« sein wie das 1000. Mal. Das gilt unabhängig davon, ob man reingestolpert ist oder sich nach allen Regeln der Kunst versucht hat, darauf vorzubereiten. In »echt« ist einfach alles anderes.

■ Das ist richtig wichtig

Ein Meister fällt seltenst vom Himmel. Erfahrung kann durch absolut nichts ersetzt werden. Stellen Sie sich darauf ein, dass es Jahre dauern wird, bis Sie wirklich so gut sind, wie Sie schon anfänglich zu sein glaubten. Dieses Buch kann den Weg dorthin nur abkürzen. Mehr nicht.

■ Das kann richtig teuer werden

Glaube kann zwar Berge versetzen, aber der Glaube, ohne Erfahrung wirklich Kohle machen zu können, wird ausschließlich Ihre Depots und Konten in Angst und Schrecken versetzen. Sonst nichts.

46 Das Einkommen bestimmt die Berufswahl

Eine der einfachsten Anleitungen zum Unglücklichsein lautet: Suchen Sie sich eine Lebensaufgabe, die zwar hervorragend entlohnt wird, Ihnen aber überhaupt keinen Spaß macht und stattdessen jeden Tag aufs Neue Bauchgrimmen verschafft. Der einzige Vorteil dieser Herangehensweise liegt dann darin, dass niemand diesen Zustand so lange ertragen muss, wie das statistisch gesehen wahrscheinlich wäre. So viel Leidensbereitschaft, so viel Unzufriedenheit und Nichtglücklichsein wird mit einiger Sicherheit in den relativ frühen Eingang in die ewigen Jagdgründe münden.
Auch wenn das keine besonders neue Erkenntnis ist: Arbeit muss Spaß machen! Oder sich zumindest leidenschaftslos erledigen

lassen. Oder im schlimmsten Fall nur einmal die Woche, aber auf jeden Fall nicht jeden Tag einen Adrenalinstoß auslösen. Mindestens 7 Stunden am Tag, 220 Tage im Jahr oder 10 000 Tage im Leben sind sonst einfach selbst mit einem Schmerzensgeld in erklecklichem Ausmaß nicht auszuhalten. Nur den wenigsten wird es vergönnt sein, in 10 oder 20 Jahren in einem ungeliebten Job die Gage für den Rest des Lebens zu verdienen und damit die Lebensarbeits- und nicht die Lebenszeit drastisch zu verkürzen.

Ein anderer Aspekt ist auch nicht mehr gar so taufrisch – aber wichtig: Wer das tut, was ihm Spaß und Freude bereitet, der wird in seinem Job wahrscheinlich auch gut sein, besser als die anderen und auf jeden Fall besser als ohne den Spaßfaktor. Und gute Leute verdienen meistens mehr als weniger gute.

Eine ganze Reihe von vermeintlich Berufenen, ganz sicher aber die Unberufenen, glauben von Zeit zu Zeit, jungen Menschen raten zu müssen, was für eine Ausbildung sie anstreben sollen und vor allem, welche nicht. Ich kann mich gut daran erinnern, dass meiner Generation, den heute knapp 50-Jährigen, massiv davon abgeraten wurde, Lehrer zu werden. Das Ergebnis ist ein bislang nie gekannter Lehrermangel an Deutschlands Schulen. Wer dem Rat damals explizit nicht gefolgt ist, sondern seiner Berufung, der hat gleich in 2-facher Hinsicht genau das Richtige getan: das, was er wollte und ihm Spaß bei der Arbeit versprach, und das, was ökonomisch richtig war. Gewarnt wurde auch schon mal vor der Ingenieursausbildung, vor einer Ärzteschwemme etc. und irgendwann gab's wohl auch schon mal die Warnung, sich bloß nicht auf eine Informatik/EDV-Ausbildung einzulassen. Das Ergebnis war, dass Deutschland Jahre später glaubte, den Anschluss im Maschinenbau zu verlieren, weil sich keine Arbeitskräfte fanden, Ärzte, zumindest auf dem Land, gesucht werden, und die Sache mit den Computern ist wohl so legendär wie die Fehleinschätzung von Charles H. Duell, dem damaligen Chef des US-Patentamts, der 1899 meinte: »Es gibt nichts Neues mehr. Alles, was man erfinden kann, ist schon erfunden worden.«

Das ist richtig wichtig

Das Leben ist zu schön und nach allem, was wir wissen, vor allem auf diesem Planeten zu einzigartig, um es in einem Job zu verbringen, dessen erwarteter Lohn zum Zeitpunkt des Beginns der Ausbildung hoch ist, der aber keinen Spaß macht. Nichts ist schöner, als einen Arbeitstag mit Freude beginnen zu können. Nichts ist schlimmer, als schon im Vorgriff auf das erwartete Grauen des nächsten Tages nicht einschlafen zu können. Lieber Müllkutscher und glücklich als Banker und depressiv.

Was viel Lebenszufriedenheit kostet und damit richtig teuer werden kann

Sich an den Prognosen Unberufener zu orientieren.

47 Selbstständigkeit macht reich

Immer dann, wenn unser Staat mal wieder Geld braucht, also immer, dann werden nur allzu gern und völlig selbstverständlich die Selbstständigen, die Von-sich-aus-Reichen ins Visier genommen. Das ist mehr oder weniger zu einem Reflex aller politischen Klassen, zu einem politischen Automatismus geworden. Es gilt als eines der vielen Grundgesetze dieser Republik, dass Selbstständige per se reich sind. Die vermeintlich guten Argumente dafür sind ja auch nicht oder nur kaum zu übersehen. Kaum eine Gruppe unserer Gesellschaft kennt relativ zu ihrer Gesamtzahl mehr Millionäre und durchschnittlich höhere Einkommen. Genau diese Tatsache findet dann auch ihren Niederschlag in bahnbrechenden So-werden-Sie-reich-Ratgebern: »Macht euch selbstständig! Nirgendwo wird mehr Geld verdient!«

Die Formulierungen der letzten Zeilen lassen schon deutlich erkennen, dass das nicht nur in meinen Augen kompletter Murks und der auch noch im Quadrat ist. Denn die entscheidende Information fehlt immer: 4 von 5 neu gegründeten Unternehmen verlassen in den ersten 5 Jahren wieder den Markt. Ohne gar zu ironisch werden zu wollen, man wird wohl keinen Fehler machen, wenn man vermutet, dass nicht Reichtum, sondern eher das glatte Gegenteil zu diesen Marktaustritten führte.

Es lohnt sich, über diese Zahl nachzudenken – auf der Zunge zergehen lassen bietet sich in diesem Zusammenhang nicht an. Das hätte zumindest einen ziemlich bitteren Nachgeschmack: Ca. 80 Prozent aller Selbstständigen scheitern in den ersten 5 Jahren! Die allermeisten unter ihnen scheitern genau dann, wenn ihre Vorräte aufgezehrt, ihr angespartes Geld verbrannt ist, den Kreditverpflichtungen nicht mehr nachgekommen werden kann und alles auf dem Spiel steht, und nicht etwa dann, wenn sie erkennen, dass sie auf das falsche Pferd gesetzt haben. Sie stehen nach ihrem Versuch, sich selbstständig zu machen, schlechter da als zuvor und sie haben fortan auch noch die Enttäuschung immer mit im Gepäck, es nicht geschafft zu haben.

Wenn eine Aktie mit einer analytischen Wahrscheinlichkeit von 80 Prozent steigen wird, dann ist das ein wunderbarer, kaum mehr zu übertreffender Wert. Im Fall der Selbstständigkeit besteht nur eine 20-prozentige Chance, dass es klappt, und eine 80-prozentige, dass die Investition schiefgeht. Sind das nicht lausige Aussichten?

Ich wohne in Bad Homburg. Eine Stadt, die gemeinhin nicht unbedingt als Ort einer besonders hohen Hartz-IV-Dichte, geringer Einkommen und armer Bürger gilt, sondern die wohl viel mehr für Reichtum, hohe Einkommen und damit auch große Kaufkraft steht. Nichtsdestotrotz hat sie eine Fußgängerzone,

die, nun ja, wie sage ich es am besten, zumindest mancherorts und zumindest bis vor ein paar Jahren einen gewissen Woolworth-Charme versprüht (hat). Aber Bad Homburg ist nun einmal Bad Homburg und deshalb die Fußgängerzone bei Gründern von Ladengeschäften äußerst beliebt. Leider gilt das scheinbar nicht unbedingt auch für die Homburger und diejenigen, die zum Schauen oder Shoppen vorbeikommen. Es herrscht ein wildes Kommen und Gehen von Boutiquen, Schuhgeschäften, Restaurants, Kosmetikgeschäften etc. Immer wieder sehe ich die leuchtenden Augen der Neugründer, die nachdenklichen Mienen der Verkäufer in den schon länger geöffneten, dann leeren Geschäften und irgendwann sehe ich viele von ihnen nicht mehr, sondern nur noch einen ausgeräumten Laden, ein »Ladenfläche zu vermieten«-Schild … und dann wieder einen mit leuchtenden Augen.
Es ist ein gewaltiger Irrtum zu glauben, dass die Selbstständigkeit für viele unter uns der Weg zu großer Lebenszufriedenheit und hohem Einkommen ist. Das Gegenteil ist der Fall. Selbstständigkeit gleich hohes Einkommen, das ist eine Milchmädchenrechnung. Nicht einmal beinahe ideale Rahmenbedingungen führen notwendigerweise zum Erfolg. Neben einem marktfähigen herausragenden Produkt braucht es auch Geld, um den Anlauf zu finanzieren und Engpässe zu überwinden, ein ausgezeichnetes Marketing, Kenntnisse vom Steuerrecht und vieles, vieles mehr.[96] Und manchmal braucht es vor allem auch eines: Glück. Ganz viel Glück. Mehr Glück, als das manchmal selbst der Tüchtige hat.

■ Das ist richtig wichtig

Selbstständigkeit fordert einen ganz anderen Lebensentwurf als etwa ein Angestelltenverhältnis. Selbstständige sehen sich jeden Tag mit größeren Risiken, größerer Verantwortung,

mit längeren Arbeitszeiten, nicht nur unter der Woche, mit einer höheren Nervenbelastung und einer hohen Wahrscheinlichkeit des Scheiterns konfrontiert. Dafür gibt es mehr Freiheit, im Idealfall auch mehr Lebenszufriedenheit und ein signifikant höheres Einkommen. Doch nur ganz wenige werden mit diesem Weg Erfolg haben. Nur wer sich ein solches Leben nicht nur zutraut, sondern Spaß daran hat, nur der darf sich darauf einlassen.
Übrigens: Discos, Kneipen, Bistros, Boutiquen, Schuhgeschäfte, Friseurläden, PC-Services, Webdesigner, Web-Shops, Druckertankstellen, Copyshops, Autotuningwerkstätten, Kartenlege-Dienste und andere Angebote aus paranormalen Bereichen gibt es schon reichlich. Davon braucht die Welt wahrscheinlich auch in der Slowakei oder Moldawien keine mehr.[97] Und: Mancher innovative Gedanke ist zwar innovativ, aber nicht marktfähig. Überlegen Sie sich das mit der Selbstständigkeit sehr, sehr gut.
Auf die Gefahr hin, nun als Oberspießer zu gelten: Multipliziert man den Erwartungswert des Nettolebensgehalts mit der Wahrscheinlichkeit, dass es auch gezahlt wird, betrachtet zusätzlich die dabei erworbenen Pensionsansprüche, deren Auszahlungs- und die Arbeitsplatzsicherheit, die wahrscheinlich zu leistende Arbeitszeit, die Fahrtwege, Freizeit- und Karriereoptionen, dann fällt es schon schwer, eine ernsthafte Alternative zu einem Beamtenjob oder Angestelltenverhältnis bei Bund, Ländern oder Gemeinden zu finden.

48 Spielen Sie Lotto

Etwa 40 Prozent der Erwachsenen und damit spielberechtigten Menschen in Deutschland spielen Lotto – 6 aus 49 mit den jeweiligen Zusatzwetten, Spiel 77 oder Super 6. Pro Woche geben sie dafür durchschnittlich etwa 5,50 Euro aus. Auf das Jahr gerechnet sind das rund 300 Euro netto aus ihrem versteuerten Einkommen oder etwa 500 Euro vom Brutto. Was sie dafür erhalten, ist eine Wahrscheinlichkeit von 1 : 140 000 000 auf einen Sechser mit Zusatzzahl oder von rund 1 : 55 000 auf einen Fünfer. Für den »Sechser mit« gibt's ein paar Millionen, für den »Fünfer ohne« bei einer durchschnittlichen Ausspielung keine 3000 Euro. Statistisch betrachtet wird ein Spieler nach 140 000 000 Ausspielungen oder rund 2,7 Millionen Jahren einmal einen Volltreffer gelandet haben. Schöne Grüße von den ersten Menschen. Wer damals angefangen hat zu spielen, der ist heute Millionär – wahrscheinlich. Dies gilt für den Fall, dass er immer genau ein Kästchen im Samstagslotto ausgefüllt hat. Wer 10 Tipps pro Woche abgibt, für den reduziert sich die Wartezeit auf 270 000 Jahre. Vor 270 000 Jahren hatten sich übrigens noch nicht einmal die Neandertaler vor Düsseldorf niedergelassen.

Wer Lotto spielt, weil er den Kick allsamstag- oder -mittwöchlich braucht und der daran seinen Spaß hat, der mag Lotto spielen. Wer es tut, weil er hofft und betet, sich endlich seine materiellen Träume erfüllen zu können, der wird immer wieder aufs Neue erstens herb enttäuscht werden und zweitens dabei seine Haushaltskasse um den jährlichen Gegenwert von auf jeden Fall 5 schnuckeligen Abendessen zu zweit sinnfrei plündern. Wer Lotto spielt, weil er Kohle machen will, der sollte sein Geld lieber spenden, wöchentlich rituell einen Fünfer verbrennen oder seinen Chef um eine entsprechende Gehaltssenkung bitten. Das eine nützt mehr, das andere macht mehr Spaß und kostet keine Nerven und im letztgenannten Fall machen Sie sich damit wenigstens Ihren Chef zum Freund und das dürfte eine weit sinnvollere Investition sein.

■ Das ist richtig wichtig

Lotto spielen heißt Geld verbrennen. Sonst rein überhaupt gar nichts. Lotto ist Glücksspiel. Wer ernsthaft versucht, mit Glücksspiel aller Art Geld zu verdienen, und damit nicht nur seinen Spaß haben oder Nervenkitzel empfinden will, der sollte diesen Absatz wenigstens noch ein zweites und danach ein drittes Mal lesen. Es gibt dafür einfach keine rationale Basis.

49 Die Suche nach dem Optimum Optimorum

Viele Zeitgenossen verwenden irrsinnig viel Zeit darauf, die für ihr Budget absolut ideale Kombination aus Preis, Leistung, Design etc. für eine Stereoanlage, Couchgarnitur oder auch nur die richtige Fahrradtasche zu finden. Sie merken dabei nicht, dass sie darüber Unmengen an Zeit und Geld verschleudern und danach oft genug noch mit dem Ergebnis hadern. In 20 Prozent der Zeit kann man sich in der Regel bis auf etwa 80 Prozent jeglichem Optimum nähern. Für die restlichen 20 Prozent auf dem Weg zum Optimum Optimorum wird man, wenn es für das Problem überhaupt eine ideale Lösung gibt, die verbleibenden 80 Prozent der Zeit aufwenden müssen. Wer sich im Besitz halbwegs durchschnittlicher intellektueller Fähigkeiten befindet, der wird mit einiger Sicherheit nach 2 Stunden eine

Stereoanlage gefunden haben, die seinem Geldbeutel, seinen Klang- und Ausstattungsvorstellungen zumindest sehr nahe kommt. Für das letzte Tüpfelchen auf dem »i« – wenn man beispielsweise die Frage hinreichend beantwortet wissen will, ob 100 Watt Sinus-Ausgangsleistung oder aber eben erst 125 Watt ausreichen, die Dimensionen des Subwoofers für den zu beschallenden Raum vielleicht doch nicht um ein Fünftel zu knapp bemessen oder die Steuerungselektronik für den Surroundsound dann doch nicht auf dem neuesten Stand ist – sind dann in einem typischen Fall weitere 8 Stunden zu veranschlagen. Was an sich nicht so schlimm wäre, wenn, ja, wenn nicht die Suchenden danach zwar oft genug über alle relevanten Informationen verfügen, aber erstens bei deren sinnvoller Strukturierung scheitern würden und deshalb zweitens nach dem Erreichen der Verzweiflungsgrenze nicht mehr in der Lage wären, eine wohlbegründete Entscheidung zu treffen. Wenn dann noch ein guter Verkäufer in der Nähe ist, der den Seelennotstand des Kunden richtig deutet, dann kann der schnell die Halde mit den Ladenhütern um eine Einheit reduzieren.

Menschen, die eher Heuristiken verwenden denn Statistiken und die damit bewusst akzeptieren, dass sie sich eben wahrscheinlich nicht für die absolut beste, aber auf jeden Fall für eine gute Lösung entschieden haben, sind darüber hinaus mit ihrem Leben und ihrem Konsumverhalten meistens zufriedener. Es macht einfach Sinn zu akzeptieren, dass man wahrscheinlich nicht die absolut ideale Lösung erreichen wird, weil dann mehr Zeit bleibt, um sich den anderen Dingen des Lebens zu widmen. Das gilt meiner Meinung nach für absolut alle Entscheidungssituationen in diesem Leben. Und ganz so schlimm, wie es die Mannen von Supertramp einst formulierten, als sie mit der unschlagbaren Zeile »Take a look at my girlfriend. She's the only one I got« einen Welterfolg landeten, wird das Ergebnis in den allermeisten Fällen schon nicht sein.

Ich kenne auch keinen wirklich glücklichen Buchhalter, aber viele glückliche Künstler oder zumindest solche, die es gern wären oder das von sich behaupten. Krämerseelen sind nicht als besonders zufriedene Zeitgenossen bekannt und auch nicht unbedingt als die, um die das Leben tobt. Die Suche nach dem Optimum Optimorum lohnt nicht. Sie ist ein Irrweg.

■ Das ist richtig wichtig

Die Suche nach der allerbesten denkbaren Lösung wird oft genug zum Scheitern verurteilt sein. Aber mit einer 80-Prozent-Lösung kann man meistens auch ganz hervorragend leben. Das gilt für alle Lebensmomente, die etwas mit Geld zu tun haben.

■ Das kann richtig teuer werden

Die Suche nach dem Optimum Optimorum.

50 Inflation ist schlimmer als Deflation

Jeder, der hierzulande das Wort »Inflation« unfallfrei aussprechen und ein paar irgendwie akzeptable Gründe dafür anführen kann, warum sie vor der Tür steht oder zumindest für die nächsten Jahre droht, der darf sich einer besonderen Aufmerksamkeit sicher sein. Nach meiner Zählung widmeten sich im Frühjahr 2010 sage und schreibe 13 TV-Talkshows binnen weniger Wochen in diversen »Experten«-Runden ausschließlich diesem Thema. Vor dem Hintergrund der vielerorts noch ziemlich präsenten Erinnerung an zwei Währungsreformen und eine Hyperinflation im vergangenen Jahrhundert mag diese Urangst der Deutschen emotional zumindest bedingt verständlich sein. Weniger verständlich ist die Art der Stimmungsmache, die mit diesem Begriff wohl nicht unbedingt absichtlich, aber vielleicht doch aus Effekthascherei betrieben wird. Um diesen doch ein wenig harschen Vorwurf am Beispiel des Frühlings 2010 zu erklären und getreu dem Motto, dass ein Bild mehr sagt als 1000 Worte, lassen Sie uns einen Blick auf das folgende Schaubild werfen:

Entwicklung der Preissteigerungsraten in Deutschland seit 1992

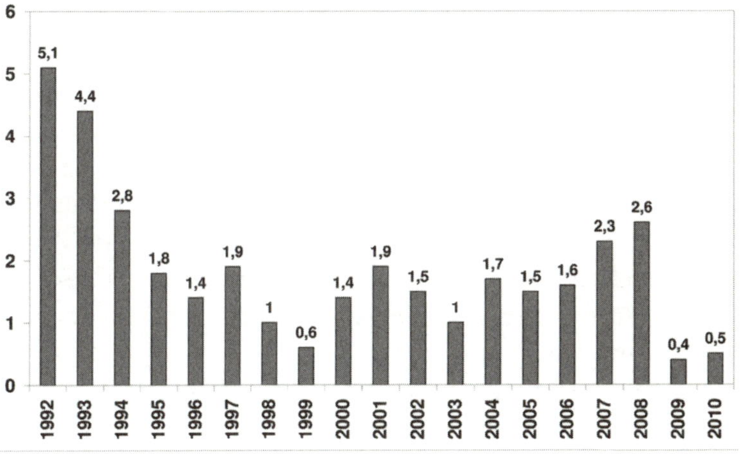

Im Frühling 2010 konnte man wunderbar viele, vermeintlich gute Gründe für eine heraufziehende Inflation finden. Das zentrale Argument war immer die Unmenge Geld, die während der Finanzkrise »gedruckt« worden war und die in Kürze – so die Ableitung – ihren Einfluss auf die Geldwertstabilität finden müsste. Das Manko an dieser These war nur, dass es keinerlei harte Fakten gab, um sie zu untermauern. Die Preissteigerungsraten fielen zu dieser Zeit senkrecht in den Keller und es gab nirgendwo, nicht einmal in weiter Ferne, auch nur den Hauch einer Ahnung von dem, was man volkswirtschaftlich begründet »Inflation«, also eine jährliche Geldentwertung von wenigstens 5 Prozent, nennen könnte. 0,4 Prozent Preissteigerung in 2009 und 0,5 Prozent[98] Preissteigerung in 2010 sprechen von einer gerade unglaublichen Preisstabilität. Erfahrungsgemäß explodieren die Preise auch nicht von heute auf morgen, ebenso wie sie – das zeigt der Chart oben – nicht von heute auf morgen implodieren. Es dauerte von 1992 bis 1999, bis sich die Preissteigerungsrate von 5,1 Prozent auf 0,6 Prozent zurückgebildet hatte, und von dort dauerte es wiederum volle 9 Jahre, bis sie wieder auf 2,6 Prozent angestiegen war.

Man könnte darüber nachdenken, dass dieses Mal alles anders kommt. Schließlich hatte die Finanzkrise im abgebildeten Zeitraum keine Entsprechung. Zugestanden – das wäre möglich. Aber erstens lehrt die Erfahrung, dass gerade die Argumentation, »dieses Mal ist alles anders und deshalb wird auch alles anders kommen als in der Vergangenheit«, zwar sehr häufig und oftmals auch gut begründet vorgebracht wird, sie aber dennoch gerade an den Finanzmärkten nur sehr selten richtig ist. Zweitens sind darüber hinaus – meine analytische Meinung – explodierende Preissteigerungsraten, die wir dann Inflation nennen dürften, unwahrscheinlich.

Ich gestehe ehrlich, dass mich manchmal das nackte Entsetzen und zwischendurch auch ein wenig die Wut gepackt hat, wenn ich erlebte, wie man für etwas schlicht nicht sauber Begründbares so viel Fernsehzeit reservierte.

Das ist das eine. Das andere ist die Frage, ob Inflation, oder nennen wir das Phänomen korrekter »Preissteigerungsraten«, überhaupt so schlimm ist, wie sie damals dargestellt wurde. Wiederum ist unter historischen Aspekten sehr verständlich, dass alle Menschen, die etwas auf die Seite legen konnten, Angst davor haben, dass sie unverschuldet zuschauen müssen, wie ihnen die Reserven dahinschmelzen und sie irgendwann vor dem Nichts stehen. Wer einmal ein Brot für 10 Milliarden Mark kaufen musste und wer das schnell tun musste, weil der Laib

Brot Stunden später schon doppelt so viel kosten konnte, ja, wer sich das auch nur von seinen Eltern oder Großeltern erzählen ließ, für den wird das Wort »Inflation« immer mit einer fürchterlichen und sehr verständlichen Urangst verbunden sein. Daran kann kein Zweifel bestehen.

Richtig ist sicherlich: Wenn Inflation das Ausmaß einer jährlichen Geldentwertung von 20 Prozent oder mehr erreicht hat, dann ist Hopfen, Malz und Erspartes wirklich so gut wie verloren. Aber das Wort »Inflation« meint seit Jahrzehnten nicht mehr solcherlei Zustände, es geht immer um Werte von vielleicht 2 bis 5 Prozent im Jahr. Und genau für diesen Fall – die Frage muss noch einmal gestellt werden – stellt sich mir schon die Frage, ob das wirklich so schlimm ist, wie es per Talkshow gemacht wird.

Meine Antwort darauf lautet ganz klar: NEIN! Preissteigerungsraten in der genannten Größenordnung scheinen entsprechend der weltweiten Beobachtung der letzten Jahrzehnte einfach dazuzugehören. Das an sich scheint mir noch keine besonders beruhigende Auskunft zu sein. Aber die folgende schon: Gerade hier in Deutschland haben wir mit ein wenig Preissteigerung immer gut gelebt und es gibt kaum einen vernünftigen Grund dafür, anzunehmen, dass sich daran in der überschaubaren Zukunft etwas ändern sollte. Wenn wirklich ein wenig mehr Geldentwertung drohte, dann bekamen die Zentralbanken das Problem relativ schnell in den Griff. Vor allem gilt: Wenn die Preise steigen, dann steigen im Regelfall auch die Zinsen und mit dem einen oder anderen Abstrich auch die Löhne. Damit hält sich der Kaufkraftverlust des Einzelnen in Grenzen, und wer Geld anlegen will, der kann beispielsweise in inflationsindexierte Bundesanleihen[99] investieren.

Ich will hier moderate Preissteigerungsraten ganz bestimmt nicht zu einer Art Heilsbringer hochstilisieren, aber ich möchte ihnen den Schrecken nehmen. Preissteigerung oder aber eben auch Inflation heißt einfach nur, dass Geld täglich weniger wert wird. Ein wenig überspitzt formuliert, macht es genau deshalb Sinn, den neuen Fernseher heute und nicht etwa morgen zu kaufen, und genau das hält die Wirtschaft in Schwung. Inflation ist somit auch eine Motivation zur Investition. Hintergrund dieser Überlegung ist: Wenn das nominelle Kreditvolumen im Laufe der Tilgungszeit in realen Werten immer weniger wert wird, dann gibt es für Investoren einen Grund mehr, Risiken einzugehen und in eine neue Produktionsstätte zu investieren. Der Wert des Restbetrages des Investitionskredits wird jeden Tag ein wenig weniger wert sein – wahrscheinlich aber nicht die Sachanlage der neuen Produktionsstätte. Ein wenig verkürzt kann das heißen: Moderate Inflation schafft Arbeitsplätze.

Nebenbei bemerkt, was niemand gering schätzen sollte, die Notenbanken, die Hüter des Geldes des jeweiligen Währungsraumes, also die Europäische Zentralbank EZB für den Euroraum und die FED (Federal Reserve Bank) für die USA etc., haben reichlich Erfahrung mit dem Umgang und der Bekämpfung von ausufernden Preissteigerungsraten oder Inflation.

Aber sie haben so gut wie keine im Umgang mit Deflation. Es gibt bestenfalls Ideen, wie man sinnvoll gegen sie vorgeht. Jedoch hat bislang keine den Praxistest erfolgreich bestanden. Deflation ist das eigentliche Problem!

Deflation – das ist zunächst das Phänomen, dass Geld jeden Tag ein wenig mehr wert wird. Was sich zunächst sehr verführerisch und gut anhört, hat volkswirtschaftlich betrachtet eine ziemlich problematische Dimension. Wenn der Wert des Geldes auf Ihrem Konto oder in Ihrem Geldbeutel jeden Tag steigt, dann macht es Sinn, mit Investitionen und Käufen, generell mit dem Geldausgeben noch zu warten. Wieder ein wenig überspitzt und vereinfacht formuliert: Wer morgen 2 LED-Fernseher zu dem Preis bekommt, den er heute für einen zahlen müsste, der verhält sich absolut rational, wenn er auf morgen wartet. Und vielleicht ist es morgen sinnvoll, noch einen Tag zu warten, weil es dann schon für das gleiche Geld 3 LED-Fernseher geben wird. Genau das lässt die Nachfrage und damit die wirtschaftliche Aktivität generell erlahmen. Wo Inflation Anreize gibt, zu investieren und zu konsumieren, liefert Deflation gute Argumente zur Zurückhaltung.

Mit dem einen oder anderen Abstrich und vor allem ohne staatliche bzw. wirtschaftspolitische Eingriffe schafft moderate Inflation im oben schon genannten Umfang Arbeitsplätze, Deflation vernichtet sie. Ohne ins Detail zu gehen und auch das wieder mit der gebotenen Vorsicht in dieser Einfachheit formuliert: Japan versucht seit 20 Jahren das Problem Deflation in den Griff zu bekommen und seine Bemühungen waren bislang nur bedingt erfolgreich.

Ben Bernanke, im Jahr 2010 der Chef der amerikanischen Zentralbank FED, verdiente sich seinen Spitznamen »Helikopter-Ben« mit dem Vorschlag, »zur Not Geld aus Helikoptern abzuwerfen«, um den Konsum wieder in Schwung zu bringen. Genau das hat er zu Zeiten der Finanzkrise und danach auch gemacht. Falls das Vertrauen in Geld aber dennoch größer bleibt als das in eine mit diesem Geld mögliche Investition, dann ist es völlig vernünftig, auch das aus Hubschraubern abgeworfene Geld zu horten.

Anmerkung eines Analysten

Ende 2010 deutet vieles darauf hin, dass die Zinsen in den nächsten Jahren moderat steigen werden. Die Gefahr von Deflation ist gebannt und die echter Inflation ist auch aus verfügbaren Frühindikationen nicht ableitbar.

■ Das ist richtig wichtig

Lassen Sie sich nicht verunsichern: Deflation ist das eigentliche Problem. Nicht eine moderate Inflation, wie wir sie aus den letzten Jahrzehnten kennen und die wir lieber Preissteigerungsrate nennen sollten. Die Kräuter, die dagegen gewachsen sind, sind reichlich bekannt und im Zweifel auch kampferprobt. Die gegen Deflation nicht.

51 Bücher machen reich

Die Frage hat mir im Sommer 2010 ein paar Momente totaler Sprachlosigkeit beschert, ein Zustand, von dem meine Freunde sagen, dass er wohl nicht gar so oft vorkommt: »Machen Sie Ihre Bücher reich?« Der junge Mann muss ein wenig zu viel von Joanne K. Rowling, der Schöpferin der Harry-Potter-Bände, gelesen haben. Eine solche Frage wagen 99 von 100 Autoren noch nicht einmal zu träumen. Bücher machen reich an Erfahrung, in guten Fällen reich an Wissen, verschaffen einen reichen Sprachschatz und manchmal machen sie sogar den Verleger reich. Aber einen Autor …?

Ich bekomme für jedes Exemplar, das von diesem Buch verkauft wird, ein Honorar von ca. 70 Cent. Wenn sich dieses Buch 1 Million Mal verkauft – das ist ungefähr so realistisch wie Menschen auf dem Mars –, dann macht das eine halbe Million Euro. Verteilt auf etwa 500 Arbeitsstunden wäre das ein ganz ordentlicher Stundenlohn. Bei 100 000 Stück – das träume noch nicht einmal ich – könnte ich davon nach Steuern ein knappes Jahr irgendwie über die Runden kommen. Bei 10 000 Exemplaren – darum geht's wohl, wenn alles glattgeht – läuft es auf einen Bruttostundenlohn von 15 Euro hinaus. Ich kenne keinen Handwerker, der sich für diese Gage um irgendetwas in oder an meinem Haus kümmern würde. Hoffentlich habe ich damit nicht manchem bislang noch verhinderten Autor die Illusion genommen. Aber – so ist's.

Treffen sich zwei Autoren. Fragt der eine den anderen: »Und – wie geht's?« Die Antwort: »Och, du, ganz gut. Mein letztes Buch hat sich fast 5000 Mal verkauft!« Treffen sich zwei Investmentbanker. Fragt der eine: »Und – wie geht's?« Antwortet der andere: »Langsam wird's eng. Mein letzter Bonus war gerade nur so eben noch 6-stellig ...« Wenn Sie also die Wahl haben – werden Sie Investmentbanker.

■ Das ist richtig wichtig

Schreiben Sie KEIN Buch!

Macht Geld glücklich?

Die einfache Antwort darauf in meinen Augen: O ja – Geld macht glücklich! Geld macht sogar sehr glücklich. Die Chance, in mehr oder weniger eng gesteckten Grenzen das tun und lassen zu können, was man will, etwa seinem Chef den Bettel hinzuschmeißen, wenn er sich mal wieder danebenbenimmt, das macht SEHR glücklich! Und das kann sich nur leisten, wer ein paar Euro auf der hohen Kante hat. Am besten mehr als nur ein paar Euro.

Ich kenne äußerst genügsame Menschen, die sich mit stiller Freude lange und ausgiebig mit einem Lächeln auf den Lippen ihre Konto- und Depotauszüge anschauen können. Sie freuen sich über die Zahlen, die sie da sehen, und mehr brauchen sie nicht, um wirklich glücklich zu sein. Sie freuen sich darüber, dass sie könnten, wenn sie wollten, aber sie wollen nicht. Sie würden das Geld niemals ausgeben, schon gar nicht für das, was in den Augen der meisten Luxus ist – Luxus, den sie sich jederzeit leisten könnten –, weil ihnen das einfach keinen Spaß machen würde. Allein das Wissen um das Geld im Depot und auf den Konten und die damit verbundenen Möglichkeiten machen sie glücklich.

Über das Leuchten in den Augen der Lire-Schenkenden auf dem Timmelsjoch sprach ich schon auf den ersten Seiten. Wer jemals kein oder nur sehr wenig Geld zur Verfügung hatte, der wird genau in dieser Phase, vielleicht aber auch genau dann, wenn er dieses Tal durchschritten hat, über das Glück referieren können, das er empfand, als er Geld hatte. Wer jemals in leuchtende Kinderaugen sah und die Wärme ums eigene Herz spürte, wenn sich unterm Weihnachtsbaum die heiß ersehnte Waller-Angel einfand, die eben nicht mit einem Lächeln erstanden werden kann, der kann daran einfach keinen Zweifel anmelden: Geld ist bestimmt nicht alles, aber ohne Geld ist ziemlich oft alles nichts. Geld macht glücklich! Wer das bestreitet, bestreitet in meinen Augen jedwede Alltagserfahrung. Denken Sie einfach an einen Strauß Blumen, den Sie Ihrer Liebsten/Ihrem Liebsten schenken wollen und den es in hiesigen Breiten eben die meiste Zeit auch nicht umsonst gibt. Geld kann dann etwas Wunderbares sein.

Umso erstaunlicher ist, dass diese Binsenweisheit bis vor Kurzem für Glücksforscher[100] alles andere als eine ausgemachte Sache war. Es wurde vielmehr betont, wer Geld habe, der habe zum Beispiel auch die Angst, es wieder zu verlieren, und das könne die Lebensqualität, das empfundene Geld-Glück schon wieder deutlich absenken. Auch die Frage des abnehmenden Grenznutzens spielte eine Rolle: Steigt das Glück mit dem Kontostand von 10 000 nach 100 000 in demselben Maße an wie von 1 000 000 nach 10 000 000? Beides bedeutet eine Verzehnfachung. Aber verzehnfacht sich auch in beiden Fällen das empfundene Glück? Ist ein Millionär mit 10 Millionen 10-mal so glücklich wie ein Millionär mit »nur« 1 Million? Wächst allgemein das Glücksempfinden immer proportional zum Vermögen? Oder stimmt das Gesetz vom abnehmenden Grenznutzen auch hier und ist der Weg von 100 000 zum Millionär ein Rausch der Sinne, der zum 10-fachen Millionär dann aber nur noch eine nette Zugabe?
Glücksforscher[101] wollen herausgefunden haben, dass das Glück bis zu einem Jahreseinkommen von 75 000 Dollar, zu Weihnachten 2010 waren das rund 60 000 Euro, stetig zunimmt und danach nicht mehr. Was dann angeblich mit steigendem Gehalt

noch weiter zunimmt, sei die allgemeine Lebenszufriedenheit. Ich zweifle ein wenig an diesen Daten. Ich kenne keinen, der nicht angeben würde, dass er mit 100 000 Euro Jahreseinkommen glücklicher wäre als mit 60 000 Euro. Oder zufriedener. Das ist aber auch schon die Krux: Wo ist der Unterschied zwischen »Glück« und »Zufriedenheit«. Akademisch mag die Trennlinie leicht zu ziehen sein, aber wo ist sie im Alltag? Ich kenne sie nicht. Wer glücklich ist und wer Glück hat, der ist nach aller Erfahrung auch zufrieden. Und je mehr ich von dem einen habe, desto höher steigt auch der Wert für das andere.

Weiter referieren die Glücksforscher, dass Personen mit höherem Einkommen im Durchschnitt eine höhere Lebenszufriedenheit aufweisen als Personen mit niedrigerem Einkommen. Das gelte vor allem für die eher unteren Einkommensklassen. Eine Einkommenssteigerung von 15 000 nach 30 000 Euro mache also glücklicher als eine von 1 Million nach 2 Millionen. Leider gewöhnen wir uns aber auch schnell an das zusätzliche Geld: Irgendwann ist der Glückseffekt der Einkommenssteigerung verpufft und dann nimmt die Zufriedenheit bei unverändertem Einkommen angeblich sogar wieder ab. Und – wer hätte es gedacht: Der eigene neue Porsche macht vor allem dann richtig glücklich, wenn der Nachbar weiterhin mit seinem Polo unterwegs ist. Sobald der aber auch einen Porsche fährt, dann ist es auch mit einem Porsche als Glücksbringer[102] nicht mehr weit her. Das erklärt wahrscheinlich auch, warum wir im Westen laut *STERN* in den letzten 50 Jahren zwar immer reicher geworden sind – aber nicht glücklicher.[103] Das empfundene Glück findet sich nach Meinung einiger Forscher heute auf einem Niveau, auf dem es auch schon zu John F. Kennedys Zeiten zu finden war. Wenn das so stimmt, dann bräuchten wir für unser Glück kein Wirtschaftswachstum mehr.

Den Kracher landete einst die *Frankfurter Allgemeine Sonntagszeitung*, die anlässlich zweier Neuerscheinungen zum Thema »Glück« abgeleitet aus den Erkenntnissen dieser beiden Bücher schreiben konnte: »Glück ist nicht alles. Man muss auch noch reich und gesund sein.«[104] Wer hätte das gedacht … Das wussten wir schon früher: »Lieber reich und gesund als arm und krank.« Gut zu wissen, dass jetzt auch die Glücksforschung dort angekommen ist.

Übrigens verdienen nach meiner Beobachtung und festen Überzeugung, ohne dass ich dafür ausreichendes empirisches Zahlenmaterial präsentieren könnte, die Menschen besonders viel Geld, die nicht reich sein wollen um des Reichseins willens, sondern diejenigen, die das tun, was ihnen Freude bereitet und die mit diesem Reichtum auch eine wachsende Verantwortung für andere empfinden und verbinden. Ein besseres Beispiel als das jener 40 US-Milliardäre rund um Bill Gates und Warren Buffet, die 2010 in einer gemeinsamen Initiative beschlossen, jeweils mehr als 90 Prozent ihres Vermögens (zu Lebzeiten oder nach dem Ableben) zu spenden, kann es gar nicht geben. Wer dem Geld nicht nur hinterherhechelt, sondern auch Freude am – kontrollierten – Ausgeben hat, wer Freunde, Familie, Kinder hat und das Leben auch mal auf Sparflamme genießen kann und wer auch mal an die denkt, die nicht die gleichen Chancen gehabt haben, der ist am glücklichsten und verdient auch am meisten. Und das dann im besten und doppelten Sinn des Wortes.

Ein Fahrplan zur finanziellen Unabhängigkeit

Dieser Fahrplan kann nur ein sehr allgemeiner sein. So unterschiedlich wie Menschen nun einmal sind, so unterschiedlich sind auch ihre Möglichkeiten und Voraussetzungen, die sie für den Umgang mit Geld vorfinden. Was für den einen ideal ist, bereitet dem anderen wochenlang Kopfzerbrechen. Die folgenden 10 Punkte sollen deshalb vor allem eine erste Hilfe, ein grundsätzlicher Leitfaden für den Anfang eines neuen Weges im persönlichen Umgang mit Geld sein.

1. Tilgen Sie unmittelbar beziehungsweise so früh wie möglich mit allen verfügbaren Reserven alle Ihr Budget momentan belastenden Konsumkredite. Füllen Sie Ihr Girokonto wieder bis auf »0« auf, nehmen Sie, soweit möglich, Sondertilgungen von Ratenkrediten oder ähnlichen Verbindlichkeiten vor.

2. Finanzieren Sie Ihren Konsum nie (wieder) auf Pump. Wer für sein tägliches Leben mehr Geld ausgibt, als er einnimmt, der wird dafür irgendwann mit einiger Sicherheit die Rechnung präsentiert bekommen, dann genau deshalb seine Lebensweise drastisch einschränken und sich damit abfinden müssen, dass er es wenigstens in finanzieller Hinsicht mit größter Wahrscheinlichkeit zu nichts (mehr) bringen wird.

3. Hört sich wenig originell an, ist aber von überragender Bedeutung: Fangen Sie an zu sparen! Fangen Sie früh damit an! Legen Sie sich dafür einen Plan zu, der beschreibt, wie viel Sie binnen welcher Zeit mit welchem Ziel und unter welcher Einschränkung sparen wollen und werden. Wer wirklich reich werden will und das nicht über sein Gehalt, eine Erbschaft oder einen Lottogewinn schafft und auch nicht auf die schiefe Bahn geraten will,[105] der braucht Geld zum Anlegen. Aus Geld kann nur dann mehr Geld werden, wenn schon Geld in irgendeiner Form vorhanden ist. Die Regeln auf dieser Welt sehen das leider so vor.

4. Fangen Sie an, sich für Geldangelegenheiten zu interessieren. Informieren Sie sich über Anlagemöglichkeiten, steuerliche Rahmenbedingungen, überlegen Sie, was zu Ihnen passt, was Sie gern können würden. (Lesen Sie dieses Buch ein zweites Mal.)

5. Gehen Sie ab sofort Ihren eigenen Weg. Wertpapierverkäufer, Versicherungsvertreter und die Vertreter vergleichbarer Spezies haben die meisten ihrer Klienten oft genug nur dann reich gemacht, wenn man ohnehin und ohne diese »Spezialisten« gerade nichts falsch machen konnte. Aber genau dafür brauchen Sie keine kostenpflichtige und im Regelfall auch nicht ganz billige Unterstützung.

6. Vertrauen Sie vor allem sich selbst und Ihrem eigenen Menschenverstand. Die meisten Menschen haben einen sehr guten intuitiven Zugang zu dem, was möglich und realistisch ist und was nicht. Eine Million in 7 Jahren – das ist der größtmögliche Murks. In 10 Jahren für die nächsten Jahre chefunabhängig zu werden – das kann klappen.

7. Wenn Sie Rat brauchen, dann vertrauen Sie ausschließlich denen, die beweisen können, dass ihr Rat auch in schlechten Zeiten ein guter war. Lassen Sie sich nicht mit billigen Charts und flüchtigen Nebensätzen abspeisen. Fordern Sie Fakten.

8. Fangen Sie an, Geld anzulegen. Am Anfang am besten in deutschen Bundesanleihen, Bundesschatzbriefen o. Ä. bei der Deutschen Finanzagentur, einer Tochter der Deutschen Bundesbank. Nirgendwo ist Ihr Geld sicherer aufgehoben und nirgendwo sind die Kosten geringer. Da kann nicht viel schiefgehen und deshalb sind derlei Papiere hervorragend geeignet, sich ein wenig in die Materie der Finanzmärkte hineinzufinden.

9. Interessieren Sie sich zumindest am Rande langsam ein wenig für Aktien. Fangen Sie an, dem Treiben zuzuschauen. Wahrscheinlich kommt irgendwann ein Moment, in dem das Chance-Risiko-Verhältnis hervorragend ist und der es deshalb statthaft macht, einen kleinen Betrag zu wagen. Spätestens dann werden Sie sich komplett neu kennenlernen. Wenn das Engagement an der Börse eine schöne Erfahrung ist, machen Sie weiter, und wenn nicht – nicht.

10. Auch wenn das jetzt zum Schluss der allgemeinste aller nur denkbaren allgemeinen Allgemeinplätze ist: Finden Sie an den Finanzmärkten Ihren eigenen Weg. Machen Sie langsam! Seien Sie geduldig und riskieren Sie nur das, was Sie gut schlafen lässt. Und wenn das heißt, dass Sie sich überhaupt nicht an den Finanzmärkten engagieren wollen und können, dann ist auch das genau richtig!

Schlussworte

Sie sollen klassischerweise zusammenfassen, Anknüpfungspunkte liefern, zusätzliche Anregungen geben (am besten solche, die dem Autor die Möglichkeit geben, sein Werk in einem zweiten Band fortzusetzen), vielleicht noch eine kleine abrundende Geschichte erzählen und, das liegt nahe, zum Schluss kommen. Dieses Buch will an dieser Stelle vor allem das Letztgenannte tun. Denn es ist alles gesagt. Nur das noch nicht:
Die Gebrüder Hunt versuchten einst in den 1970er-Jahren in einer an den Finanzmärkten mittlerweile zur Legende gewordenen Aktion, den kompletten Silbermarkt der Welt unter ihre Kontrolle zu bringen. Hätten sie das geschafft, dann wären sie fortan in der Lage gewesen, den Preis für Silber zu diktieren, und falls in dieser Welt jemals das Wort »Gelddruckmaschine« abseits der staatlichen Notenpressen irgendeine Bedeutung gehabt haben sollte, dann für den Fall des Erfolgs der Hunts. Der schon damals in die Milliarden[106] gehende Reichtum der Familie Hunt wäre wohl auf ein Niveau angestiegen, das selbst den Bill Gates von heute wie eine arme Kirchenmaus hätte aussehen lassen. Aber der Konjunktiv der letzten Sätze deutet es schon an: Die Aktion ging schief. Nachdem die Brüder das Vermögen ihres Vaters komplett und final durchgebracht hatten, leisteten sie 1989 ihren höchstpersönlichen Offenbarungseid.
Nelson, einer der drei Brüder, wird gern mit dem folgenden Satz zitiert: »Wer weiß, wie viel er besitzt, besitzt nicht viel.« Alzheimer und sonstige Demenzen ausgenommen: Es ist äußerst frag-

lich, ob Ihr Vermögen nach der Umsetzung der Ratschläge dieses Buches auch nach längerer Zeit wirklich dieser Hunt'schen Definition gerecht werden wird. So viel Realismus muss auch am Schluss dieses Buches einfach sein. Aber die entscheidende Frage lautet doch: Ist das wirklich wichtig?
Meine Antwort darauf lautet: NEIN! Ich wiederhole mich hier gerne: Die Chance, seinem Chef bei Bedarf oder Verlangen eine Nase drehen zu können und dennoch in den nächsten 1 bis 2 Jahren nicht auf seine Brötchen verzichten und seinen Lebensstandard einschränken zu müssen, darum geht es. Das ist genau die erreichbare finanzielle Freiheit, die eine Portion Geld auf der richtigen Seite leisten kann. Nur das kann und nur das soll auch das Ziel von »Making mon€y« sein.
Und besser kann in meinen Augen ein Buch übers liebe Geld nicht schließen.

Anhang

Glossar

Abschreibungen
Immobilien, Maschinen, Autos etc. nutzen sich durch Gebrauch ab. Diesen Wertverlust versucht man durch Abschreibungen buchhalterisch zu erfassen.

Abwärtstrend
Dauerhaft fallende Kurse an den Finanzmärkten.

Agio/Disagio
Der Unterschied zwischen dem Betrag, auf den ein Kredit lautet, und dem Betrag, der zur Auszahlung kommt. Kommen bei einem Kredit über 100 000 Euro nur 98 000 Euro zur Auszahlung, dann beträgt das Disagio 2000 Euro. Werden 101 000 Euro ausgezahlt, dann beträgt das Agio 1000 Euro. Der zurückzuzahlende Betrag lautet immer auf 100 000 Euro. Agios und Disagios können zum Beispiel steuerlich motiviert sein. Ein Agio lässt den Effektivzins im Regelfall unter den Nominalzins fallen, ein Disagio darüber steigen.

Anlagehorizont
Die geplante Dauer einer Anlage.

Anleihe, inflationsgeschützt
Eine Anleihe, bei welcher der Zinssatz an bestimmten zuvor festgelegten Zeitpunkten um die Veränderungsrate eines ebenfalls festgelegten Preisindexes angepasst wird. Steigen die Preise, steigt auch der Zinssatz; fällt der Preisindex, fällt auch der Anleihezins.

Ask-Kurs oder auch Brief-Kurs
Der aktuell gültige Kurs, zu dem ein Wertpapier gekauft werden kann.

Aufwärtstrend
Dauerhaft steigende Kurse an den Finanzmärkten.

Ausgabeaufschlag
Der Unterschied zwischen dem Ausgabe- und Rücknahmepreis eines Fonds. Er beträgt bei Aktienfonds in Deutschland typischerweise 5 Prozent.

Ausgabekurs
Der Preis, zu dem eine Fondsgesellschaft einen Fondsanteil an Kunden abgibt, wenn sie Anteile erwerben wollen. Der Ausgabekurs schwankt mit der Kursentwicklung der Wertpapiere im Fonds.

BaFin
Bundesanstalt für Finanzdienstleistungsaufsicht.

Baisse
Dauerhaft fallende Börsenkurse.

Best Case
Das, was im allerbesten Fall eintreten würde.

Bid-Ask-Spread
Der Unterschied zwischen dem Bid- und dem Ask-Kurs und damit letztlich ein ganz entscheidender Faktor der Transaktionskosten, der Kosten, die beim Kauf und Verkauf von Wertpapieren entstehen.

Bid-Kurs oder auch Geld-Kurs
Der aktuell gültige Kurs, zu dem ein Wertpapier verkauft werden kann.

DAX
Das wichtigste deutsche Aktienbarometer. Seine Zusammensetzung ändert sich ständig. In ihm vertreten sind, ein wenig vereinfacht ausgedrückt, immer die größten deutschen Aktiengesellschaften, die gleichzeitig auch über die größte Zahl der frei handelbaren Aktien verfügen.

Deflation
Ihr Geld wird von Tag zu Tag mehr wert. Ein sehr rares Phänomen.

Depot
Der Aufbewahrungsort für Ihre Wertpapiere. Früher ein Schließfach, in dem Ihre Wertpapiere physisch aufbewahrt wurden. Heute meistens »nur« noch ein virtuelles Fach auf den Rechnern Ihrer Bank.

Deutsche Finanzagentur
Eine Tochter der Deutschen Bundesbank. Jeder kann dort ein Anlagekonto (»Depot«) eröffnen und mit Finanzmarktprodukten der Bundesrepublik Deutschland bestücken (Anleihen, Obligationen, Schatzbriefe, Tagesanleihe). Die Konditionen sind konkurrenzlos günstig. Ein Konto mit der täglich kündbaren Tagesanleihe entspricht mehr oder weniger einem Girokonto. Nur Barauszahlungen sind über dieses Konto nicht möglich (nur Onlinebanking).

Dividende
Der Teil vom Unternehmensgewinn, den ein Unternehmen an seine Aktionäre ausschüttet.

Dividendenrendite
Die Dividende geteilt durch den Kurs der Aktie des jeweiligen Unternehmens zu einem bestimmten Zeitpunkt. Eine reine Luftbuchung.

Dow Jones Industrial Index
oder einfach nur: DER DOW
Das wichtigste US-amerikanische und damit auch gleichzeitig das wohl wichtigste und bekannteste weltweite Aktienbarometer.

Effektivzins
Der tatsächlich zu zahlende Zinssatz – nach der Berücksichtigung aller zusätzlichen Kosten wie zum Beispiel Provisionen, Courtagen, (Dis-)Agios etc.

FED
Federal Reserve Bank, die US-amerikanische Notenbank. Das Pendant zur Deutschen Bundesbank.

Finanzchemie
Ein wenig aus der Mode gekommener, negativ belegter Begriff aus der Welt der Finanzmärkte. Gemeint ist das Zusammenrühren von vielen unterschiedlichen Risiken und Strukturen, die ein völlig neues Produkt mit völlig neuer Charakteristik schaffen.

Fonds
Kapitalsammelstelle für Geld von Anlegern, das nach den im Fondsprospekt festgelegten Regeln durch die Manager des Fonds angelegt wird. Es gibt Fonds für absolut jede Anlagemöglichkeit: Aktien, Anleihen, Immobilien, Rohstoffe und alle Mischformen (Mischfonds) daraus.

Fondsprospekt
Sie vermerken, worauf der Anteilserwerber sich einlässt: wie der Fonds verwaltet wird, wo seine Anlageschwerpunkte liegen, Kosten aller Art, Vergütungen etc.

Fungibilität
Die zu erwartende Handelbarkeit einer Anlage: Bei Immobilien ist sie klein – bei Aktien, Anleihen etc. hoch.

Gewinnmitnahmen
Eine Position im Depot wird mit der alleinigen Begründung verkauft, dass sich mit dem Verkauf ein Gewinn realisieren lässt. Das ist alles andere als ein guter Schachzug.

Gläubiger
Der Geldverleiher.

Guru
Ein Mann/eine Frau, dem/der seine/ihre Jünger durch dick und dünn, durch alle Irrungen und Wirrungen und durch alle Zeiten bis zur totalen Selbstaufgabe folgen – und sei der Schwachsinn, den er/sie im Angebot hat, noch so hanebüchen.

Hauptversammlung
Das jährliche Treffen aller stimmberechtigten Aktionäre – oder deren Vertreter – eines Unternehmens. Je nach wirtschaftlicher Lage können zum Beispiel die kulinarischen Anreize überzeugende Argumente für den Besuch einer solchen Veranstaltung liefern.

Hausse
Dauerhaft steigende Börsenkurse.

Hedgefonds
Eine allumfassende Definition des Begriffs ist alles andere als leicht. Gemeint sind besonders spekulative Fonds, die durch den Einsatz von Finanzderivaten oder Leerverkäufen auch in fallenden Märkten Geld verdienen sollen. Die wenigsten unter ihnen haben bislang gehalten, was sie vorgaben zu versprechen.

»Hinlegen«
Neben vielen anderen Bedeutungen aus dem Alltagsleben auch ein Begriff aus dem Börsianerhochdeutsch: Er meint den mehr oder weniger unbegründeten Kauf von Wertpapieren »auf Verdacht«, mit der Absicht, sie zunächst auf unbestimmte Zeit zu

halten, und in der Hoffnung, dass sich diese Entscheidung irgendwann als gut herausstellen möge. Das ist keine gute Idee.

Hypothek
Ein durch eine Grundschuld besicherter Kredit. Der klassische Kredit für Häuslebauer – nicht nur im Schwabenland.

Indexfonds …
… sind Fonds, deren Ziel es ist, beispielsweise einen Aktienindex möglichst exakt nachzubilden. Indexfonds fallen und steigen im Regelfall fast exakt in dem Ausmaß, in dem das der entsprechende Index tut. Der Begriff »Exchange Traded Funds«, »ETFs«, wird meistens synonym verwandt.

Inflation bzw. Preissteigerungsrate
Ihr Geld wird von Tag zu Tag weniger wert. In nahezu jeder entwickelten Ökonomie seit geraumer Zeit der Normalfall.

Jahresmiete
Die Kaltmiete, die sich zum Beispiel mit einer vermieteten Wohnung im Laufe eines Jahres erzielen lässt. Um eine Vergleichbarkeit von Mietobjekten halbwegs zu ermöglichen, wird der Kaufpreis von Immobilien oft in Jahresmieten umgerechnet.

Jünger
Hörige, die Ihrem Guru durch dick und dünn, durch alle Irrungen und Wirrungen und durch alle Zeiten bis zur totalen Selbstaufgabe folgen, völlig unabhängig von dem Schwachsinn, den der von ihnen fordert. Ausnahme sind die historisch und biblisch bezeugten: Andreas, Bartholomäus, Jakobus, Sohn des Zebedäus, Jakobus, Sohn des Alphäus, Johannes, Judas Iskariot,

Matthäus, Simon Petrus, Philippus, Simon Kanaäus, Thaddäus und Thomas.

Leerverkäufe
Ein Leerverkäufer verkauft etwas, was er noch gar nicht hat. Typischerweise rechnet er damit, dass die Kurse von zum Beispiel einer Aktie fallen werden und er deshalb die Aktie später auf einem geringeren Kursniveau zurückkaufen kann. Der Unterschiedsbetrag zwischen dem Verkaufskurs und dem Kaufkurs ist dann sein Gewinn (Kurs ist gefallen) oder Verlust (Kurs ist gestiegen).

Nachkaufen
Durch neue zusätzliche Käufe wird der Einstandskurs einer Gewinnposition im Depot erhöht, aber damit wahrscheinlich eben auch die absolute Rendite. Ein empfehlenswertes Vorgehen.

Nominalzins
Der Zins, der im Vertrag genannt wird und der auch zu bezahlen wäre, wenn ein Kredit ohne Agios oder Disagios ausgezahlt werden würde, keinerlei zusätzliche Kosten wie zum Beispiel Provisionen anfallen würden etc. – und damit bestenfalls eine Orientierungsgröße. Entscheidend ist der Effektivzins (s. o.). Der Unterschied zwischen Nominal- und Effektivzins kann leicht 1 Prozentpunkt oder mehr ausmachen und damit erheblich sein.

Offener Immobilienfonds
Entscheidend für dieses Buch ist, dass seine Anteile im Gegensatz zu denen eines geschlossenen Immobilienfonds im Normalfall jederzeit ge- und verkauft werden können.

Optimum Optimorum
Das Beste vom Besten. Die absolut beste und nicht mehr verbesserungsfähige Lösung für ein gegebenes Problem. Je komplexer die Ausgangssituation, desto unwahrscheinlicher wird mann/frau es finden.

Outperformaner
Wertpapiere, Aktien, Fonds etc., deren Kursentwicklung besser als die des Gesamtmarktes ist.

Performance
Die Wertentwicklung einer Anlage.

Pfandbrief
Der Pfandbrief zeichnet sich dadurch aus, dass dem Investor neben der Bonität der emittierenden Bank im Fall einer Insolvenz dieser Bank zusätzlich eine sogenannte *Deckungsmasse* zur Verfügung steht. Typischerweise sind das zum Beispiel Hypothekenpfandbriefe, die mit Grundstücken/Immobilien besichert sind.

Realzins
Der Nominalzins korrigiert um die Preissteigerungsrate.

Restlaufzeit
Die Zeit, die zum Beispiel bis zur Rückzahlung einer Anleihe noch verstreichen wird. Eine Anleihe, die am 31.12.2015 zurückgezahlt (»fällig«) wird, hatte zum Jahreswechsel 2010/2011 eine Restlaufzeit von 5 Jahren.

Rücknahmekurs
Der Preis, zu dem eine Fondsgesellschaft einen Fondsanteil von ihren Kunden zurücknimmt, wenn der Kunde seinen Anteil loswerden will. Er schwankt mit der Kursentwicklung der Wertpapiere im Fonds.

Schuldner
Einer, der sich Geld leiht.

Sondertilgung
Das Recht, zu festgelegten Zeitpunkten durch eine Sonderzahlung die Restschuld eines Kredits über den »normalen« Tilgungsplan hinaus zu reduzieren und damit die künftige Zinsbelastung teilweise sogar dramatisch zu verringern. Lassen Sie sich ein solches Recht immer einräumen – auch wenn es seinen Preis haben sollte.

Stoploss
Genau dort wird dem Elend ein Ende gemacht und eine Position im Depot, die sich nicht wie gewünscht entwickelt hat, verkauft.

Tilgungsleistung
Mit der Tilgungsleistung werden die Zahlungen bezeichnet, die zu leisten sind, um eine Kreditschuld zurückzuführen.

Timing
Zur richtigen Zeit das Richtige tun – und das Falsche lassen.

Total Expense Ratio, TER
Die laufenden Kosten eines Fonds mit Ausnahme der Transaktionskosten, ausgedrückt in Prozent des durchschnittlichen Fondsvermögens.

Trend
Dauerhaft sich in die eine oder andere Richtung bewegende Kurse. Die mit weitem Abstand am häufigsten vorkommende und stabilste Erscheinung an den Finanzmärkten/Börsen.

Überschussanteil
Der Anteil der Rendite einer Kapitallebensversicherung, der über die gesetzlich garantierte Mindestrendite hinausgeht.

(Deutsche) Umlaufrendite
Der durchschnittliche Zinssatz aller deutschen Bundesanleihen aller Laufzeiten. (Im Regelfall sind die Zinsen von zum Beispiel 10-jährigen Bundesanleihen höher als die von Anleihen mit kürzeren Restlaufzeiten von beispielsweise 1 Jahr. Je länger die Laufzeit, desto größer das Risiko des Gläubigers, dass er sein Geld nicht zurückbekommt, und dieses größere Risiko wird durch einen höheren Zins entlohnt.)

Verbilligen
Der Einstandskurs einer Verlustposition im Depot wird durch neue Käufe herabgesetzt und damit auch das absolute Verlustrisiko erhöht. Eine alles andere als weise, katastrophal schlechte Vorgehensweise.

Volatilität
Ein Maß für die (Kurs-)Schwankungen einer Anlage. Je höher die Volatilität ist, desto größer sind die Schwankungen und desto weniger empfehlenswert ist die Anlage.

Worst Case
Das, was im allerschlimmsten Fall passieren würde.

Zertifikate (1)
Begriff aus der Finanzchemie. Ein Zertifikat wird oftmals von einer Heerschar von Mathematikern geschaffen und ist deshalb so komplex, dass garantiert nicht jeder Verkäufer und kaum ein Kunde weiß, was genau er da wirklich vor sich bzw. in seinem Depot hat.

Zertifikate (2)
Zertifikate sind Wertpapiere, die zu den strukturierten Finanzprodukten zählen. Sie werden von Banken emittiert und vorwiegend an Privatkunden verkauft, denen damit ermöglicht werden soll, auch komplizierte Strategien nachbilden zu können oder auch in schwer zugängliche Anlagen wie beispielsweise Rohstoffe zu investieren.

Anmerkungen

[1] Angaben der NBA-Spielergewerkschaft. Auch das gibt es also: Gewerkschaften für die am besten verdienenden Profispieler der Welt.

[2] Die Staud Research GmbH produziert Prognosen für alle Finanzmärkte dieser Welt.

[3] Es gibt keine individuelle Inflation von einer Stadt zur anderen.

[4] Zzgl. Kirchensteuer und Solidaritätszuschlag.

[5] Mehr dazu im Abschnitt über Inflation und Deflation.

[6] Sie wachen über die »Noten« – also übers Geld.

[7] Federal Reserve Bank.

[8] Die USA horteten ihre Goldbestände in jenem legendären Fort Knox, das genau deswegen die Vorlage für eine Unmenge an Geschichten, Verschwörungstheorien und nicht zuletzt auch für eine Vielzahl von Filmen in Hollywood und andernorts geliefert hat.

[9] Es fehlte genau das, was auch in der durch Griechenland ausgelösten Euro-Krise im Frühling 2010 so schmerzlich vermisst wurde: die Chance, eine Währung gegenüber einer anderen abzuwerten und damit die ökonomischen Realitäten wieder korrekt abzubilden.

[10] 3400 Tonnen entsprechen Mitte 2010 bei einem Goldkurs von rund 1000 Euro für eine Unze einem Wert von rund 110 Milliarden Euro. Je nach Definition steht dem eine Geldmenge zwischen 4000 und 9500 Milliarden Euro gegenüber.

[11] C.p. heißt, dass noch die eine oder andere Randbedingung zu beachten wäre. Aber im Großen und Ganzen stimmt die getroffene Aussage weitestgehend und fast immer.

[12] Mehr zu dieser Spezies weiter hinten in diesem Buch (S. 78/79).

[13] Entgegen der allgemeinen, auch durch die Krise maßgeblich geprägten Vorstellung: Das ist an den Finanzmärkten wie im ganz normalen Leben in 99 Prozent aller Situationen die Regel und nicht etwa die Ausnahme.

[14] Ein Fonds bringt mehr Provision. Mehr dazu im entsprechenden Abschnitt ab S. 45–50.

[15] Im 10-jährigen Mittel waren etwa ein knappes Drittel unserer Prognosen falsch.

[16] Ein relativ neuer zertifizierter Ausbildungsberuf.

[17] Diese Auswertungen beruhen auf Zahlen der Deutschen Bundesbank – Zeitreihe WU0017: »Umlaufrenditen inländischer Inhaberschuldverschreibungen/Insgesamt/Monatsdurchschnitte«. Der Wert von 6,5 Prozent ist der Mittelwert aller dort angegebenen Monatsdurchschnitte seit 1960 und damit zumindest weitestgehend mit der Aktienrendite von 6,0 Prozent im gleichen Zeitraum vergleichbar. Darüber hinaus sind diese Zahlen von weit besserer Qualität, weil sie nicht mit einer ganzen Reihe von Vorbehalten wie die Zahlen der Aktien belastet sind (vgl. entsprechendes Kapitel). Weil es sich um eine Umlaufrendite handelt, die alle verfügbaren Laufzeiten erfasst, und Kurzläufer im Regelfall eine geringere Rendite erzielen als lang laufende Anleihen, sind diese Zinsergebnisse eher als konservativ einzuschätzen. Tatsächlich dürften sie bei einer Betrachtung von z. B. Anleihen mit 10-jährigen Laufzeiten höher ausfallen.

[18] Vgl. den Abschnitt über Aktien und den dortigen DAX-Chart (S. 39–41). Der jährliche Renditeunterschied von 0,5 Prozentpunkten wächst sich bei konsequenter Wiederanlage im Laufe von 50 Jahren in diesem Maße – auf 10 Mark bzw. Euro – aus!

[19] Quelle: Deutsche Bundesbank. Für den REXP gelten die in der Anmerkungsnote 20 gemachten Hinweise ebenfalls.

[20] Die Realverzinsung liegt die meiste Zeit zwischen rund 2 Prozent und 4 Prozent.

[21] Nur für den Fall …: Ich lache gerade über mich selbst.

[22] Deutsches Aktien Institut; die Zahlen sind veröffentlicht in deren »RenditeDreieck«.

[23] Deutscher Aktienindex, das wichtigste deutsche Aktienbarometer.

[24] Und wer das dann auch noch auf Jahresrenditen herunterbricht, dem kann schon mal schwindelig werden.

[25] Wer hätte schon immer genau alle 30 Aktien des DAX gehalten und selbst umgeschichtet. Sehr viel wahrscheinlicher wäre da schon eine Anlage in Fonds gewesen. (Mehr dazu im entsprechenden Abschnitt, S. 45–50.)

[26] Siehe den entsprechenden Irrtum auf S. 68–70.

[27] Wer weiß schon, wo der Kurs z. B. in 6 Monaten zum Zeitpunkt der Dividendenzahlung wirklich sein wird. Erst dann steht die tatsächliche Dividendenrendite fest.

[28] Manchmal auch den gesamten Gewinn.

[29] Als Beispiel wird ein typischer Aktienfonds, also ein Fonds, der in Deutschland für jedermann zum Vertrieb bzw. Erwerb zugelassen ist, herangezogen.

[30] Nachzulesen in dem jeweiligen »Fondsprospekt«.

[31] Ausgabeaufschläge: 5 Prozent, laufende Kosten in 12 Monaten: 2,5 Prozent.

[32] 7,5 Prozent von 5000.

[33] Wenigstens 5 bis 7 Jahre, besser 10 Jahre.

[34] Mehr dazu unter »Versichern Sie Ihr Leben«, S. 105.

[35] Rund 500 000 Zertifikate und ähnliche Produkte wurden Ende Oktober 2010 an Deutschlands Börsen gehandelt.

[36] Mehr Informationen dazu u. a. unter www.deutscher-derivateverband.de.

[37] Weitergehende Informationen dazu finden Sie überall im Netz, bei Banken, Brokern und Terminbörsen etc.

[38] Die Angaben sind stark gerundet, weil die Zeitangaben sich nicht auf einen exakten Zeitpunkt beziehen. Die Veränderungsraten beziehen sich auf den jeweilig erreichten Extremwert des DAX in diesem Jahr.

[39] Ausführlichere Informationen dazu finden Sie in guten Börsenbüchern, im Netz und in meinem Erstlingswerk *Erfolgstechniken einen Analysten.*

[40] Mehr dazu im Abschnitt über »Trends«, S. 70–75.

[41] Wie wir wissen, wird der Unterschied zwischen den Abstimmenden und den Abstimmungsberechtigten immer größer.

[42] Mehr dazu in meinen beiden Büchern: *Erfolgstechniken eines Analysten* und *PokerBörse.*

[43] Seinem Pressesprecher Gennadi Gerassimow soll dieser Satz am 7.10.1989 auf einer informellen Pressekonferenz auf Nachfrage und in Englisch herausgerutscht sein: »Those who are late will be punished by life itself.«

[44] Deutsche Umlaufrendite im Sommer 2010.

[45] Nachzulesen jeweils in den entsprechenden Ausgaben der *FAZ*, in unserem seit 1998 täglich erscheinenden Börsen-Service, dem *DailyMarketFAX* oder z. B. auch in den jeweiligen Ausgaben der Zeitschriften *Das Wertpapier*, *Börsenzeitung* etc.

[46] Das Folgende ist eine winzige Auswahl im Vergleich zu den Charts, die als Dokumentation für dieses Verhalten zur Verfügung stehen.

[47] Mehr dazu, vor allem, wie man Trendwechsel mit einfachen Mitteln identifiziert, finden Sie in meinen beiden ersten Büchern *Erfolgstechniken eines Analysten* und *PokerBörse*.

[48] Eine klassische Fehlannahme. S. o. im Abschnitt übers Timing.

[49] Es ist erwägenswert, unethische Aktien, z. B. solche von Rüstungsunternehmen, Umweltsündern etc., zu meiden. Aber die Definition und Abgrenzung gegenüber den vermeintlich ethischen Vertretern des Genres fällt alles andere als leicht.

[50] Damals war das spektakulär und überall boulevardfähig. *Stern* & Co. nahmen sich des Mannes aus Poona ausführlich an.

[51] Die Schlussfolgerung daraus für den Weg zum Reichtum: »Werden Sie Guru!« scheint mir ethisch allerdings gerade nach diesem Absatz nicht vertretbar.

[52] Oldtimer, Der Käfer von Papst Benedikt XVI. oder Espadrilles von Madonna.

[53] Ich klammere hier, wie im gesamten Buch, die relative kleine Zahl der Marktteilnehmer aus, die auf fallende Kurse setzen und naturgemäß über steigende Kurse dann nicht gar so glücklich sein dürften.

[54] Die eine oder andere Anleihe oder Aktie hat das schon getan. Allerdings nur ein einziges Mal …

[55] Wie z. B. der MSCI World.

[56] Wenn das versicherte Ereignis nicht eintritt.

[57] Wenn das versicherte Ereignis eintritt.

[58] Wenn man heute so zurückdenkt, dann nehmen sich die vergangenen Krisen ziemlich klein aus. Aber das ist verklärte Erinnerung, da wir uns an neue Krisen gewöhnen und deshalb den Speicher für alte entweder löschen oder die früheren Ereignisse als weniger bedeutungsvoll einstufen. Damals haben uns diese Krisen die Schuhe ausgezogen.

[59] Ganz klar: Deutschland ist nicht die Welt. Aber auch in den USA, noch immer die größte und bedeutendste Volkswirtschaft der Welt, waren die Preissteigerungsraten zwar höher, aber sie wichen nicht wesentlich von den unseren ab (USA 2008: 3,8 Prozent; 2004 bei 2,7 Prozent).

[60] Die gefühlten Preissteigerungen lagen seit 2000 mit Sicherheit weit oberhalb der hier angegebenen Werte. Dennoch hat das mit Manipulation rein gar nichts zu tun, sondern z. B. damit, dass bei der Berechnung des deutschen Preisindexes die relativ stabilen Mieten mit rund 30 Prozent gewichtet werden, die deutlich teurer gewordenen Restaurantbesuche aber nur mit etwa 2 Prozent. Diese 2 Prozent prägen das Bewusstsein weit mehr als die im Regelfall per Überweisung gezahlten Mieten, weil Erstere bar oder mit Karte, auf jeden Fall aber unmittelbar bezahlt werden.

[61] Mehr dazu unter http://www.boerse-frankfurt.de/DE.

[62] Für diese Idee bekam Harry M. Markowitz 1990 den – damals gedrittelten – Nobelpreis für Wirtschaftswissenschaften. Die Antwort auf die Frage, wie realistisch es ist, zu erwarten, die künftige Wertentwicklung zweier Aktien so oder zumindest so ähnlich vorhersagen zu können, steht auf einem anderen Blatt.

[63] Wäre ich Deutschlehrer, ich würde mir den Superlativ selbst ankreiden. Falscher als falsch gibt's nicht.

[64] Mehr dazu im Abschnitt zur selbst genutzten Immobilie, S. 133/134.

[65] Mehr dazu im Abschnitt über die Selbstständigkeit, S. 157–160.

[66] Das Ende eines großen Zyklus des Maya-Kalenders. Roland Emmerich hat uns in einer zweistündigen Kinofassung darauf vorbereitet. Übrigens: Die Zahl derjenigen, die sich auf ein Welt-

desaster einstellen und glauben, dem dann durch ihre Vorbereitung auch zu entkommen, ist auch in hiesigen Breiten ganz sicher fünfstellig.

67 Die Chance, nächste Woche an einem Autounfall zu sterben, beträgt, über den Daumen gepeilt und mit einigen Unschärfen versehen, bei 11 Verkehrstoten pro Tag in Deutschland in 2009, einer 7-Tage-Woche und 40 Millionen Autofahrern in Deutschland: 0,0003 Prozent.
Die Chance dafür, dass die Welt bei bislang 0 stattgefundenen Untergängen und einer Erdgeschichte von mehreren Milliarden Jahren untergeht: 0,0000000000000000 Prozent.

68 In Deutschland gibt es angeblich 430 Millionen Versicherungsverträge, rund 6 pro Kopf, die jeden Einzelnen im Jahr rund 1500 Euro kosten.

69 Fachausdruck der Branche für den erfolgreichen Verkauf einer Versicherung.

70 Diese Zahl galt in 2010. Sie lag Anfang des neuen Jahrtausends aber auch schon über 4 Prozent.

71 Sie müssen ja, wie geschrieben, auch Löhne, Provisionen etc. bezahlen.

72 Pfandbriefe orientieren sich mehr oder weniger an diesem Niveau.

73 Ausreißer nach oben gibt es immer. Die haben dann einfach besser als die anderen gewirtschaftet.

74 Jährliche Grundzulage für einen Erwachsenen; Stand 2010. Für jedes Kind gibt es 185 Euro bzw. für Kinder, die ab 2008 geboren wurden, 300 Euro obendrauf.

75 Mehr dazu auf S. 61–64.

76 Die ethische oder moralische Bewertung des Falls muss nicht diskutiert werden.

77 Gemeint ist jede Form von Kredit, mit dem irgendeine Form von Konsum finanziert werden soll, z. B. der Ratenkredit und der Kontokorrentkredit, die Überziehung des Girokontos. Alles, was einen Kauf ermöglicht, ohne dass die volle Kaufsumme sofort auf den Tisch des verkaufenden Hauses gelegt werden muss.

78 Wie dürfte sich die Lage erst darstellen, wenn, was der liebe Gott und Frau Merkel verhüten mögen, die Zahl der Arbeitslosen wieder deutlich ansteigt?

79 Alle Angaben in diesem Abschnitt wurden mit einem im Netz frei zugänglichen Tilgungsrechner ermittelt.
Aufstellung der monatlichen Tilgungsleistung bei einer Rate von 500 €, einem Zinssatz von 5 Prozent und einer Tilgungsleistung von 1 Prozent:

Monat	**Zins**	**Tilgung**	**Annuität/Rate**
Januar	416,32	83,68	500
Februar	415,94	84,06	500
März	415,62	84,38	500
April	415,27	84,73	500
Mai	414,92	85,08	500
Juni	414,56	85,44	500
Juli	414,21	85,79	500
August	413,85	86,15	500
September	413,49	86,51	500
Oktober	413,13	86,87	500
November	412,77	87,23	500
Dezember	412,40	87,60	500

80 Fällt die Bonität z. B. durch ein geringeres oder unsicheres Einkommen, und das wird schon für den Fall angenommen, dass ein Arbeitnehmer sich selbstständig macht, dann steigt unter Umständen der Zins, weil die Bank nach allen kaufmännischen Grundsätzen das zusätzliche Risiko eines Zahlungsausfalls auf den Zinssatz umlegen muss.

81 Die Zahlen stehen hier deutlich gerundet, weil andere Parameter wie z. B. ein höheres oder kleineres Disagio die Kennzahlen wieder verändern können. Das gilt auch für die Zeitangaben.

82 Ein Gedanke, der bei allem Bemühen und Bekunden zwar schon immer häufiger im Zusammenhang mit ganz anderen

Problemen formuliert, aber noch immer viel zu wenig beachtet wird.

[83] Bei der im Beispiel genannten Kreditsumme von 100 000 Euro wäre das das Recht, einmal im Jahr 10 000 Euro zusätzlich tilgen zu können.

[84] Mir ist einmal unter absolut identischen Voraussetzungen an einem und demselben Tag für eine Hypothek für ein und dasselbe Objekt ein Zinssatz von 6,7 Prozent bzw. 5,75 Prozent angeboten worden. Das war und ist in meinen Augen noch heute ein nicht mehr in Worte zu fassender Wahnsinn und kein Autorenlatein. Das Internet mit seinen Informationsmöglichkeiten und Ihr unbedingter Wille, zu feilschen, sollte es heute unmöglich machen, dass Sie sich irgendwann auf Ihr eigenes Waterloo, Ihre »6,7 Prozent« einlassen.

[85] Folgendes gilt sowohl für selbst genutzte als auch für vermietete Immobilien.

[86] Die Chance, Anteile an einem geschlossenen Immobilienfonds in einem überschaubaren Zeitraum zu akzeptablen Preisen verkaufen zu können, kann deutlich kleiner sein als bei einer Immobilie an sich.

[87] Der Fonds verkauft nach und nach alle seine Immobilien und zahlt die Erlöse an die Anteilseigner nach und nach aus. Weil die Verkäufe den Immobilienmarkt belasten und alle potenziellen Käufer um die Abwicklung wissen, sind gute Preise nur schwer zu erzielen.

[88] Also in rund 23 Jahren. Das ist auch in etwa die Zeit, in der alle Mietzahlungen aus einer vermieteten Immobilie zusammen sich zum Kaufpreis addieren. In dieser Zeit hat sich der Kaufpreis in einer Welt ohne Steuern etc. amortisiert.

[89] Abgeleitet aus dem Deutschen Renten-Performanceindex für Anleihen mit 10-jähriger Laufzeit: REXP 10 Jahre.

[90] Ich weiß, dass gerade hier eine Durchschnittsbetrachtung angesichts der ungeheuren Bandbreite möglicher Investitionsobjekte schon allein hinsichtlich der Lage, des Anschaffungszeitpunktes, gewerblicher oder privater Nutzung, Ein- oder Mehrfamilienhaus etc. äußerst problematisch ist. Ich kenne

allerdings aus Platzgründen keine vernünftige Alternative dazu.

[91] Nach 20 bis 25 Jahren haben die Kaltmieten den Kaufpreis erwirtschaftet. Die Rendite des Objekts ist in dieser Zeit unter einer ganzen Reihe von Vorbehalten ungefähr 100 Prozent. Hinzu kommen die durchschnittlichen Wertsteigerungen seit 1987, laut Chart von rund 40 Prozent.

[92] Man spricht von der »Lenkungsfunktion« des Staates.

[93] Platzbedingt sind meine Ausführungen zur SonderAfA eine nicht jeden Gesetzesbuchstaben berücksichtigende vereinfachende Darstellung.

[94] Siehe Chart im vorangegangenen Kapitel.

[95] Noch ein kleines Schmankerl zu dieser schon erwähnten Zeit: Weil die klassischen Erklärungen damals für diese Kursexplosionen völlig versagten, wurde z. B. das Cash-Burn-Ratio erfunden. Je höher die »Geldverbrennungsrate« war, desto besser fiel tendenziell die Einschätzung des Unternehmens aus, weil das angeblich auf ein gut finanziertes Unternehmen hindeutet(e). Das bedarf noch heute keiner Kommentierung.

[96] Mehr dazu steht in beliebigen Ratgebern.

[97] Weiter oben schreibe ich, dass man sich von genau solchen Ratschlägen, wie sie dieser Satz gibt, nicht bei seiner Berufswahl beeinflussen lassen sollte. Dabei bleibt es auch. Die Beurteilung von Marktchancen für eine Neugründung, um die es hier geht, ist etwas anderes.

[98] Dies ist eine Schätzung, da der exakte Wert bei Drucklegung des Buches noch nicht feststand.

[99] Der Zins der Anleihe wird während der Laufzeit regelmäßig an einen Preisindex angepasst. Mehr Informationen dazu finden Sie unter http://www.deutsche-finanzagentur.de/de/institutionelle-investoren/bundeswertpapiere/inflationsindexierte-bundeswertpapiere/inflationsindexierte-bundesanleihen/.

[100] So etwas gibt es genauso wie den tibetanischen Glücksindex. Dort sind die Staatslenker nicht dem Bruttoinlandsprodukt, sondern dem Glück der Landsleute verpflichtet.

[101] Herr Kahnemann und Herr Deaton. *Süddeutsche Zeitung*, Ausgabe 206, 2010. S. 16. »Das Höchst-Einkommen«.

[102] *FAZ* vom 28.09.2009, S. 12, Prof. Bruno Frey, Zürich. Im Original: »Menschen haben die Tendenz, sich mit anderen zu messen. Wenn alle einen Einkommensanstieg erfahren, dann erlebt der Einzelne keine sonderliche Steigerung seiner Lebenszufriedenheit.«

[103] *STERN*, 20.04.2005. Interview mit Prof. Layard. http://www.stern.de/wirtschaft/job/zufriedenheit-macht-geld-gluecklich-538843.html

[104] *FAS* vom 14.03.2010. Patrick Bernau, S. 38 »Geld allein macht auch nicht glücklich.«

[105] Damit diese Formulierung nicht missverstanden wird: Das ist keine Empfehlung!

[106] Man muss das den durch die Finanzkrise gestählten und im Zweifel nur noch in Billionen denkenden jungen Menschen sagen: Damals war eine Milliarde Dollar, D-Mark, Franken oder Pfund, gerade wenn sie sich in privaten Händen befand, noch eine ziemlich respekt- und ehrfurchteinflößende Größe.